나는 너를 안고
어른이 되었다

나는 너를 안고 어른이 되었다

자폐라는 세계를 살아가는
아이와 엄마의 성장 기록

초 판 1쇄 2025년 10월 27일

지은이 조서연
펴낸이 류종렬

펴낸곳 미다스북스
본부장 임종익
편집장 이다경, 김가영
디자인 윤가희, 임인영
책임진행 안채원, 이예나, 김요섭, 김은진, 국소리

등록 2001년 3월 21일 제2001-000040호
주소 서울시 마포구 양화로 133 서교타워 711호
전화 02) 322-7802~3
팩스 02) 6007-1845
블로그 http://blog.naver.com/midasbooks
전자주소 midasbooks@hanmail.net
페이스북 https://www.facebook.com/midasbooks425
인스타그램 https://www.instagram.com/midasbooks

ⓒ 조서연, 미다스북스 2025, *Printed in Korea*.

ISBN 979-11-7355-550-3 03810

값 19,000원

※ 파본은 구입하신 서점에서 교환해드립니다.
※ 이 책에 실린 모든 콘텐츠는 미다스북스가 저작권자와의 계약에 따라 발행한 것이므로 인용하시거나
   참고하실 경우 반드시 본사의 허락을 받으셔야 합니다.

미다스북스는 다음세대에게 필요한 지혜와 교양을 생각합니다.

나는 너를 안고
어른이 되었다

자폐라는 세계를 살아가는
아이와 엄마의 성장 기록

조서연 지음

미다스북스

[추천사]

❖❖❖

　어느 가을, 한 생명이 품어졌습니다. '가을'이라는 태명으로 시작된 아이는 세상에 나와 '우주원'이라는 이름을 얻었습니다. 계절의 섬세함과 우주의 깊이를 담은 이 이름처럼, 이 아이는 엄마에게 아주 크고 깊은 세계를 열어주는 존재가 되었습니다.
　이 책은 단지 장애 아이를 키운 기록이 아닙니다. 구순열과 자폐라는 낯선 세계 앞에서 두려움 대신 책임감을 선택한 한 엄마의 단단한 여정, 그리고 그 안에서 피어난 사랑과 성장이 고스란히 담겨 있습니다.
　사람을 키운다는 것은 쉽지 않은 일입니다. 그것도 장애 아이를 키운다는 것은, 감히 말로 다할 수 없는 인내와 결심을 요구합니다. 그 쉽지 않은 길을 꿋꿋이 걸어온 그녀는, 평범한 엄마들과는 또 다른 방식으로 더 많은 것을 이룬, 특별한 엄마이자 작가입니다.

- 김연준 작가

[프롤로그]

평범이 가장 어려웠다
다름 속에서 시작된 여정

❖❖❖

그날 제 인생의 시간은 멈췄습니다. 꿈꾸던 평범한 삶은 더 이상 제 것이 아니었지요. 저에게도 소망이 있었습니다. 평범하지만 아름다운 날들이 펼쳐질 미래를 상상하며 저만의 멋진 인생을 그려 보곤 했습니다. 어떤 삶이 기다리고 있을지 모르면서도, 남들과는 다른 특별한 삶을 꿈꾸며 꽤 큰 욕심과 바람을 품고 살아왔던 것 같습니다. 대학교를 졸업해 직장을 다니고, 사랑하는 사람과 결혼해 아이까지 낳으면 자연스럽게 꿈꾸던 가정이 완성되리라 믿었습니다. 그 소망은 마치 제 삶에 당연히 스며들 것만 같았습니다.

그러나 지금 돌이켜보면, 그 평범한 바람조차도 저에게는 너무 과분한 꿈이었는지도 모르겠습니다. 제가 20대였을 때, 『시크릿』이라는 책이 유행했습니다. "마음속으로 바라고 상상하면, 그 생각이 현실이 된다." 그 문장을 마음 깊이 새기며, 늘 다짐했지요.

'평범하게만 살아보자. 아이가 생기면 좋은 엄마가 되어보자.'

아이의 성장에 맞춰 미리 공부해 두었습니다. 사춘기에는 아이의 입장을 헤아리는 엄마가 되고 싶었고, 성인이 되면 친구 같은 엄마로 곁에 서고 싶다는 소박한 계획을 품었습니다. 그렇게만 하면 될 거라고, 저는 괜찮은 엄마가 될 수 있을 거라고 믿었습니다. 하지만 인생은 그렇게 흘러가지 않았습니다.

저의 시간은 결코 '평범함'이라는 선물을 허락하지 않았습니다. 결혼 준비부터 출산까지 이어진 시어머니와의 갈등, 끊이지 않는 감정 소모와 예기치 못한 사건들. 임신 중에는 태교다운 태교 한 번 제대로 해볼 엄두도 나지 않았습니다. 다운증후군 고위험 판정과 아이의 선천성 기형(구순열) 소견, 세 살 무렵에 들은 자폐 진단까지. 결혼도, 관계도, 돈도, 아이도 어느 것 하나 쉽지 않았습니다.

특히 '자폐'라는 단어 앞에서, 저는 제 인생의 모든 계획이 무너져 내리는 듯했습니다. 눈앞이 캄캄해졌고, '이 아이를 어떻게 키워야 할까?'라는 두려움이 밀려왔습니다. 하지만 바로 그 순간부터, 저는 아이와 함께 완전히 다른 세계로 들어서야 했습니다. 그리고 그 세계 속에서 진짜 나의 삶과 사랑을 배워야 했습니다.

결혼 이후의 삶은 흔히 '제2의 인생'이라 부르지만, 제게 그것은 평온함과는 거리가 먼 매일이 전쟁 같은 시간이었습니다. '평범한 삶을 살고 싶다'는 바람조차 저에겐 과분한 꿈이었습니다. 그 시간들은 저를 단단하게 만들기도 했지만, 동시에 끊임없는 눈물과 좌절 속에서 견뎌야 했던 치열한 여정이었습니다. 그렇게 시간이 흘러 어느덧 12년이 지나 있었습니다. 아이를 키우는 그 시간들은 저를 성장하게 했고, 저만의 방식으로 버텨낸 시간이었습니다. 그리고 뜻밖에도 저는 글을 쓰게 되었습니다. 누군가에게 작은 힘이 되고 싶다는 마음으로 시작한 기록이, 어느새 한 권의 책이 되었습니다.

이 글은 어디선가 삶에 지쳐 주저앉아, 아이를 품고도 자신을 자책하는 어느 엄마에게, 그리고 '특별하다'는 이유로 상처받는 아이들에게 작은 위로가 되기를 바라며 쓰게 되었습니다. 우리 아이가 아프게 태어난 것도, 엄마가 상처받는 것도 누구의 잘못도 아닙니다. 우리는 그렇게 되기를 원한 적이 없습니다. 우리 아이는 결코 이상하거나 문제가 있는 존재가 아닙니다. 단지, 다른 아이들과 다를 뿐입니다.

다름을 인정하고 한 걸음 뒤로 물러서서 이해하는 사회가 된다면, 장애 아이를 키우는 부모와 그 아이들 모두 조금 더 숨 쉴 수 있는 세상을 살아갈 수 있으리라 믿습니다.

자폐라는 세계를 살아가는 아이와 엄마의 여정은, 결국 다름 속에서

서로를 이해하고 함께 성장해 가는 길이었습니다. 지금 이 글을 읽고 있는 당신, 당신도 저처럼 이겨낼 수 있습니다. 제가 그랬듯이, 당신도 결국 해낼 수 있을 겁니다. 그러니 힘을 내주세요. 우리 아이를 위해, 그리고 당신 자신을 위해.

> "가장 보통의 삶이 가장 먼 꿈이 될 수도 있다는 걸, 엄마가 되어 알았습니다."
> – 아델린

[목차]

추천사 005
프롤로그 평범이 가장 어려웠다 006

1부 슬픔은 소리 없이 찾아온다
"기쁨으로 시작된 임신, 그러나 눈물로 맞이한 현실"

[1화]   구순열, 기쁨을 뒤흔든 세 글자   017
[2화]   태동이 알려준 엄마의 결심   022
[3화]   눈물로 맞은 가을   027
[4화]   천 번이고, 만 번이고 기다릴 수 있어   031
[5화]   부모의 변화가 아이를 바꾼다   035
[6화]   말은 화살보다 깊이 상처를 남긴다   040
[7화]   아이 곁을 지킨 한 사람   044
[8화]   강한 엄마일까, 무모한 엄마일까?   048
[9화]   한 아이를 바꾸는 건 시선이었다   053
[10화] 너의 눈 속 세상을 바꾸고 싶었다   059

2부 삶이 나를 밀어낼 때

"삶이 내 의지를 꺾어도, 아이 앞에서 다시 일어섰다"

[1화]   도장 하나, 우리 삶의 무게   067
[2화]   14층 창문, 멈춰버린 시간   073
[3화]   차가운 계모에서 진짜 엄마가 되기까지   077
[4화]   내가 너보다 하루 더 살아야 하는 이유   082
[5화]   나를 지키는 것이 곧 너를 지키는 일   086
[6화]   메니에르병, 삶의 균형을 흔들다   090
[7화]   숨조차 멎었던 그날의 공포   096
[8화]   주고받은 온기, 너의 세상이 되다   101
[9화]   다름 속에서 빛나는 하루들   105
[10화] 자폐, 기다림이 남긴 사랑   109

3부 너와 함께 다시 일어서다

"아이와 함께 배우고, 다시 자라나는 엄마의 시간"

[1화]   말은 마음의 옷이다   117
[2화]   함께하고 싶다는 단순한 바람   123
[3화]   조용히 참아낸 아픔의 시간들   127
[4화]   제 엄마라서 다행이에요   133

[5화]	아이와 함께, 나도 자란다	137
[6화]	동그라미 속에 담긴 너의 세상	140
[7화]	나를 안아줄 때, 아이도 미소 짓는다	143
[8화]	정말 우리 아이가 불편했나요?	146
[9화]	칭찬은 마음을 여는 열쇠	151
[10화]	내 삶의 첫 번째 관객, 너	157

4부 흔들리며 단단해진 우리

"다름 속에서 단단함을 배우고, 특별함으로 성장하다"

[1화]	나를 안아주는 용기를 배우다	165
[2화]	나는 사랑을 너에게 배웠다	170
[3화]	단단한 엄마가 되는 길	174
[4화]	아픈 엄마 곁에서 배운 기다림	178
[5화]	사라진 아이, 다시 품에 안은 사랑	182
[6화]	평범한 엄마, 글로 피어나다	186
[7화]	조금 늦어도 괜찮아	190
[8화]	오직 우리 둘만의 기념일	194
[9화]	특별함이 만든 우리의 길	198
[10화]	다름은 틀림이 아닌 또 하나의 길이다	202

5부 결국 우리는 꽃을 피운다

"끝내 피어난 희망, 그리고 세상을 향한 목소리"

[1화]	고통 속에서 피어난 마음	211
[2화]	아이의 집은 곧 엄마다	216
[3화]	차별 없는 세상을 향한 외침	220
[4화]	버티는 하루가, 웃는 하루가 되기까지	223
[5화]	특수학교, 우리에게 열린 또 하나의 문	227
[6화]	당신은 우리 삶에 스며든 기적	232
[7화]	생애 첫 생일파티	237
[8화]	가장이라는 이름의 무게	242
[9화]	아이의 세상 안으로 한 걸음 더	245
[10화]	내 인생의 8할은 너야	251

에필로그 너와 나의 내일을 믿으며   256

부록   260
고마운 분들께 보내는 편지
함께 걸어준 사람들의 편지

1부

슬픔은 소리 없이 찾아온다

"기쁨으로 시작된 임신,
그러나 눈물로 맞이한 현실"

[1화]

구순열, 기쁨을 뒤흔든 세 글자

행복이 슬픔으로 바뀌던 날

2013년 9월. 건강검진센터는 성수기라 늘 분주했습니다. 저 역시 몹시 피곤한 상태였습니다. 퇴근 후 가족들과 저녁을 먹으면 곧장 침대에 쓰러져 깊은 잠에 빠지곤 했습니다. 꼭 수면내시경 후 마취가 덜 깬 사람처럼 몸이 제 것이 아닌 듯 무겁게 가라앉았습니다. 며칠을 그렇게 보내다 달력을 보는 순간, 가슴이 철렁 내려앉았습니다. 평소 주기가 정확했는데, 이미 일주일이나 늦어 있었던 것입니다.

"헐… 설마, 임신?"

말은 삼켰지만, 직감은 이미 알고 있었습니다. 왜냐하면 평소보다 더 자주 졸음이 쏟아졌기 때문입니다. 조심스레 약국에서 임신 테스트기를 사와 확인하니 희미한 두 줄이 떠 있었습니다. 믿기지 않아 몇 번이고 들여다봤습니다. 떨리는 마음을 다잡으며, 그 두 줄이 제 인생을 바꾸고 있음을 느꼈습니다.

저는 원래 결혼 후 천천히 아이를 갖고 싶었습니다. 하지만 시댁에서는 제 나이가 신랑보다 많다는 이유로, 아이를 쉽게 갖지 못할까 걱정하셨습니다. 그래서 결국 아이를 먼저 갖고 결혼하는 것이 어떻겠냐는 제안을 하였습니다. 하지만 생각만큼 쉽게 찾아오지 않아 기대를 내려놓았던 참이었습니다. 그런 마음을 내려놓자, 뜻밖의 기적처럼 두 줄이 나타난 것입니다. 임신은 기쁨이었고, 감격이었습니다. 늦게 찾아왔지만, 더없이 감사한 선물이었습니다.

부모님도 함께 기뻐하셨습니다. 아버지는 매일 저를 회사까지 데려다주셨습니다. 어머니는 제가 먹고 싶다는 것은 무엇이든 손수 챙겨주며 뱃속 아이에게 따뜻한 말을 들려주셨습니다. 바쁜 업무와 잦은 검진에도 불구하고 저는 아이를 지켜내기 위해 하루하루를 버텼습니다. 가벼운 출혈과 복통으로 유산 위험이 있다는 말을 들었을 때는, 유산 방지약에 의지하며 하루하루를 조심스레 버텼습니다. 그때까지는 임신이 누구에게나 당연한 일, 건강한 아이를 낳는 것도 자연스러운 일이라 믿었습니다. 그러나 **그 믿음은 검진 날 산산이 무너졌습니다.**

입체 초음파를 보던 날이었습니다. 아이 얼굴이 누구를 닮았을지 설레는 마음으로, 아이가 잘 움직이게 한다는 말을 듣고 초코우유를 하나 마신 뒤 병원으로 향했습니다. 영상의학과 선생님은 뱃속 아이를 한참 들여다보시다 조심스레 말씀하셨습니다.

"일어나셔서 몸 좀 움직이고 다시 볼게요."

저는 배를 어루만지며 속삭였습니다. "가을아, 엄마가 너 얼굴 보러 왔어. 엄마한테 얼굴 좀 보여줄래?" 잠시 후 화면에 가을이의 얼굴이 비쳤습니다. 자궁벽에 붙어 있어 반쪽만 보였지만, 그 모습만으로도 눈물이 날 만큼 예뻤습니다. 저는 웃으며 생각했습니다. '이제 나도 자기 새끼가 제일 예쁘다고 말하는 고슴도치 엄마가 되었구나.' 진료실로 올라가 보라는 말과 함께 영상의학과 선생님의 표정이 무겁게 가라앉았습니다. 진료실에서 의사 선생님은 조심스레 물었습니다.

"초음파 보신 선생님이 뭐라고 하시던가요?"

순간, 1차 기형 검사에서 다운증후군 고위험군 소견을 들었던 기억이 떠올랐습니다. 다행히 양수검사에서 음성이 나와 한숨을 돌렸지만, 그때도 병원이 떠나가라 울었던 제 모습이 스쳤습니다. 또 무슨 일일까?

그때 문득, 결혼 전 직장 동료가 해줬던 이야기가 머리를 스쳐 지나갔습니다. 산부인과에서 오랜 시간을 근무했던 그 동료는, 초음파를 보는 선생님에게 들은 적이 있다며 이렇게 말해주었습니다. "뱃속 아기 중에는 장애가 있거나 아픈 아이들이 스스로 알고 있어서 그런지, 엄마에게 얼굴을 잘 보여주지 않는 경우가 있어요." 그 이야기를 들었을 때도 너무 놀랐던 기억이 있었는데, 왜 갑자기 그 말이 떠올랐을까요? 혹시 저희 아이도 스스로가 아픈 걸 알아서, 그래서 얼굴을 가리며 보여주지 않았던 걸까요?

"혹시 이상 소견이 있나요?"

"네. 구순열 의심 소견이 있습니다."

옆에 있던 친동생은 바쁜 남편 때문에 매번 혼자 진료를 보는 저를 위해 따라온 것이었는데, 설마 이런 이야기를 함께 듣게 될 줄은 몰랐을 것입니다. 진료 의뢰서를 준비하는 동안 저는 대기실 의자에 앉아 멍하니 하염없이 울었습니다.

그 순간, 세상이 조용히 무너져 내렸습니다. 초음파 화면 속 아이는 분명 제 품에 안겨야 할 '기쁨'이었는데, 의사의 한마디는 그 기쁨을 단숨에 '두려움'으로 바꿔놓았습니다. '내가 뭘 잘못한 걸까? 내가 덜 조심했나?' 스스로를 탓하며 눈물이 멈추질 않았습니다. 하지만 동시에, 뱃속에서 여전히 따뜻하게 움직이던 아이의 존재가 제게 속삭이는 듯했습니다. '괜찮아요, 엄마. 나는 여전히 당신의 아이예요.' 그 작고 미약한 생명의 온기가, 무너지는 저를 다시 붙잡아 주었습니다.

주변 지인들은 모두 건강한 아이를 출산했습니다. 그런데 **왜 저만, 왜 우리 아이만 태어나기도 전에 아픔을 짊어져야 할까요?** 그날의 하늘조차 원망스러웠습니다. 하지만 하늘이 제게 이 아이를 보내준 데에는 분명한 이유가 있을 거라 믿고 싶었습니다. 아직은 눈물뿐이었지만, 그 눈물 속에서도 아이를 향한 제 사랑은 더 깊어지고 있었습니다.

> "슬픔은 두 얼굴을 가진 기쁨이다."
>
> – 칼린 지브란

나는 너를 안고 어른이 되었다

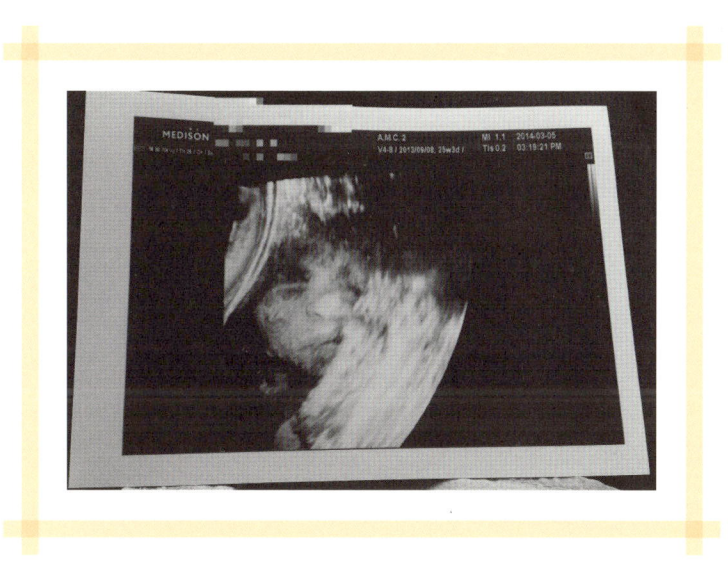

[2화]

태동이 알려준 엄마의 결심
"다운증후군 고위험입니다."

❖❖❖

"따르릉." 평온하던 어느 날, 산부인과에서 걸려 온 전화가 제 일상을 흔들었습니다. "1차 기형아 혈액 검사 결과, 다운증후군 수치가 높게 나왔습니다. 산부인과로 내원하셔서 상담 후 2차 검사를 진행하셔야 합니다."

짧은 한마디에 손이 멈추고, 마음마저 얼어붙었습니다. 그날 이후, 행복하기만 할 줄 알았던 임신 기간은, 서서히 불안과 두려움으로 물들기 시작했습니다.

급히 회사를 나와 병원으로 향했습니다. 의사 선생님은 조심스럽게 말씀하셨습니다.

"이 수치만으로는 확정할 수 없습니다. 하지만 출산까지 불안을 안고 임신을 유지하는 건 산모에게 심리적으로 큰 부담이 될 수 있습니다.

양수검사는 가장 정확한 검사이니 권해드립니다."

남편과 부모님은 비용보다 마음의 평안이 중요하다며 주저 없이 검사를 권했습니다. 그렇게 저는 양수검사를 받기로 했습니다.

검사실 침대에 누워 초음파로 아이를 지켜보던 중, 활발하던 아이가 갑자기 움직임을 멈췄습니다.

'혹시 내 불안이 아이에게도 전해진 걸까?'

순간 미안함과 애틋함이 밀려왔습니다. 검사는 무사히 끝났지만, 결과를 기다리는 4주는 끝이 보이지 않는 두려움의 시간이었습니다.

검사 후 돌아오던 길에 남편이 조심스럽게 말을 꺼냈습니다. "만약 아이가 다운증후군이면… 어떡할 거야? 나는 솔직히 우리를 닮지 않은 아이를 키울 자신이 없어."

잠시 머뭇거리던 남편이 덧붙였습니다.

"다시 생각해 보는 건 어때?"

순간, 제 마음이 철렁 내려앉았습니다. 남편의 말이 현실적인 고민임을 알면서도, 그 한마디가 제 가슴을 깊이 베었습니다.

"지금 나에게 아이를 포기하라는 거야? 나는 벌써 이 아이의 태동을 느꼈고, 뱃속에서 함께 살아가는 엄마야. 무슨 일이 있어도 나는 낳아서 키울 거야."

남편은 당황해 사과했지만, 그 말은 제 마음 깊은 곳에 오래 상처로 남았습니다. 한동안 그 말을 곱씹으며 수없이 울었지만, 시간이 지나며 조금은 알게 되었습니다. 그 또한 두려웠던 것이고, 우리 둘 다 처음 부모가 되어가는 중이었다는 것을요.

주변 지인들도 말했습니다.
"혹시 다운증후군이면 어쩌려고 그래? 아이는 또 가질 수 있잖아."
그 말들은 저를 더 혼란스럽게 했지만, 한 가지는 분명했습니다. **태동을 느낀 순간부터 이 아이는 제 삶의 전부였습니다.** 어떤 모습으로 태어나든 저는 이 아이를 포기하지 않기로 마음먹었습니다.

어느 날, 백화점에서 다운증후군 아이와 부모를 보았습니다. 남편은 한숨을 쉬었지만, 저는 아이를 따뜻하게 안고 있는 부모의 눈빛에서 희망을 보았습니다. '우리도 저렇게 될 수 있지 않을까.' 4주 후, 병원에서 의사 선생님은 말씀하셨습니다.
"유전자 검사 결과, 다운증후군은 아닌 것 같습니다. 이제 마음 편히 지내셔도 돼요."
안도의 한숨을 내쉬는 그 순간, 의사 선생님은 다시 초음파 영상을 바라보시더니 조심스럽게 말씀하셨습니다.
"그런데 정밀 초음파에서 다른 이상 소견이 보입니다. 구순열이 의심됩니다."
한순간, 안도감은 또다시 불안으로 바뀌었습니다. '어쩌면 건강한 아이를 낳는 일 자체가 내겐 쉽지 않은 일일지도 몰라.' 하지만 저는 이미 아이를 품은 엄마였습니다. "가을아! 엄마가 지켜 줄게. 네가 어떤 모습으로 태어나든 괜찮아."

출산이 다가오자 저는 의사 선생님께 부탁드렸습니다.
"아이가 태어나면 얼굴을 똑바로 보여주세요. 아이의 상태가 궁금할 것 같아요."
제왕절개 당일, 아이가 숨을 잘 쉬지 못해 마취약을 더 사용할 수 없다고 했습니다. 결국 하반신 마취가 완전히 되지 않은 채, 감각이 남아 있는 배를 째는 느낌을 고스란히 견뎌야 했습니다. 그 고통 속에서도 오직 한 가지 생각뿐이었습니다. '이 아이만 무사히 태어나면 돼.' 그리고 마침내 우렁찬 울음소리와 함께 아이가 태어났습니다. 구순열을 안고 세상에 온 아이. 담담하려 애썼지만 기쁨과 슬픔, 그리고 감동이 뒤섞여 마음을 덮쳤습니다.

'만약 네가 건강하게 태어났다면 어땠을까?' 그 생각이 스쳤지만, 곧 깨달았습니다. 이 모습 그대로의 너도 아주 소중하고 사랑스럽다는 것을.

태동을 처음 느꼈을 때부터 저는 이미 엄마였습니다. 그 작고 미약한 움직임 하나하나가 제 심장을 건드렸습니다. ==생명은 몸속에서만 자라는 게 아니라, 사랑 속에서 자란다는 것도 알게 되었습니다.== 그렇게 세상에 온 주원이는 저에게 수많은 배움과 사랑을 안겨주었습니다. 이제 저는 조서연이 아니라, 우주원의 엄마로 살아가고 있습니다. 앞으로 어떤 날들이 찾아오든, 저는 이 아이를 지켜낼 것입니다.

  생후 두 달 무렵, 아이는 아산병원에서 첫 구순열 수술을 받았습니다. 아이가 너무 어려서, 간호사는 제가 아이를 직접 안고 수술실로 들어가 마취되는 순간까지 지켜봐야 한다고 했습니다. 수술복을 입은 의료진 앞에서 아이가 울음을 터뜨리자, 저는 그 작은 몸을 꼭 안으며 수없이 되뇌었습니다.
"괜찮아. 엄마가 여기 있어." 수술 후 아이는 입 주변에 테이프를 붙이고, 콧속 고정 기구를 단 채 실밥까지 제거해야 했습니다. 그 고통스러운 순간까지… 엄마인 저보다 아이가 훨씬 더 씩씩하게 견뎌냈습니다. 그 후 또 한 번의 수술을 받았고, 남들보다 조금 더 많은 과정을 거쳤지만, 아이는 언제나 저를 보며 웃었습니다. 이제는 알게 되었습니다. 아이는 아픈 만큼 성장하고, 엄마는 그만큼 더 단단해진다는 사실을요. 그리하여 우리는 조금 다른 속도로 함께 자라가고 있습니다.

> "당신이 존재한다는 사실만으로도 세상은 조금 더 아름답다."
> – 데스몬드 투투

[3화]

눈물로 맞은 가을

구순열 진단이 남긴 눈물과 기다림

❖

가을이는 주원이의 태명이었습니다.

35세에 찾아온 아이였고, 그 시절 기준으로는 결혼과 임신 모두 늦은 편이었습니다. 그러나 그 사실은 전혀 중요하지 않았습니다. 첫 손주이자 첫 조카라는 존재 하나만으로도 할머니와 할아버지 그리고 이모까지, 온 가족이 애타게 기다렸습니다. 한 생명이 가족의 마음을 이렇게 하나로 묶을 수 있다는 것을 그때 처음 알았습니다.

기형아 2차 정밀검사를 받던 날, 제 동생과 함께 병원에 갔습니다. 결혼 전이었던 이모는, 아이를 갖기 전 미리 산부인과 진료가 어떤지 궁금하기도 했지만, 무엇보다 매번 바쁜 남편 때문에 혼자 진료를 보러 다니는 저를 걱정해 함께 와 주었습니다. 그러나 그날 단순한 동행이었던 이모는 저와 함께 인생의 잊을 수 없는 순간을 마주하게 되었습니니다. 의사는 "태아의 입술과 잇몸 부위에 이상이 있다."며 구순열 소견을 전했습니다. 순간 가슴 한쪽이 서서히 무너져 내렸습니다. 옆에 있던 이모도 말없이 함께 울었습니다. **행복만 기대했던 초음파 검진대 위에서 우리 가족은 그렇게 함께 아픔을 배우기 시작했습니다.**

평소 강단 있고 단단해 보였던 이모는 사실 마음이 무척 따뜻하고 여린 사람이었습니다. 진료를 마치고 병원을 나서는 길에 "힘내, 괜찮을 거야."라고 말했지만, 집에 돌아가서는 한참을 울었다고 합니다.

"우리 언니 어떡해, 우리 조카 어떡해…." 제부를 통해 그 이야기를 들었을 때, 저도 다시 눈물이 났습니다. 그 순간 알았습니다. 함께 아파해 주는 마음이야말로, 가족이 주는 가장 깊은 위로라는 것을.

친정에 머무르던 시절, 무뚝뚝했던 부모님의 마음도 달라졌습니다. 친정어머니는 매 끼니를 꼬박꼬박 챙겨 주셨고, 제철 과일은 꼭 먹어야 한다며 늘 과일바구니를 채워 두셨습니다.

한 번은 10월 초, 가을 기운이 스며드는 날에 복숭아가 문득 먹고 싶다고 한 적이 있습니다. 그 말을 들은 친정어머니와 남편은 전국의 과일 가게에 전화를 돌리며 늦가을 복숭아를 구하려 애썼습니다. 결국 복숭아를 먹지는 못했지만, 그 하나를 향한 마음에는 저와 아이를 향한 사랑과 간절함이 고스란히 담겨 있었습니다. 그날 이후, 복숭아는 제게 단순한 과일이 아니라 '사랑받고 있구나.'라는 증표처럼 느껴졌습니다.

초음파 진료 결과를 전했을 때, 부모님은 "괜찮다, 치료하면 된다."고 담담히 말씀하셨습니다. 그러나 나중에 알게 되었습니다. 저를 위로하던 그 강한 어깨가 보이지 않는 곳에서는 조용히 무너져 있었다는 사실을. 그때 처음, 어른이 된다는 것의 무게를 마음 깊이 느꼈습니다.

태아는 엄마의 감정을 고스란히 느낀다고들 합니다. 그래서 눈물을 줄이려 애썼지만, 미안함과 무력감에 며칠을 울기도 했습니다. 그러나 오래 슬픔에 머물 수는 없었습니다. 이 아이는 태어나는 순간부터 사랑받을 자격이 있는 존재였으니까요. 할머니, 할아버지, 이모가 함께 울어 주었고, 언제나 너의 편이 되어 줄 엄마가 있으니까요.

가을이란 이름은 그렇게 우리 가족에게 계절처럼 찾아왔습니다. 그 계절은 우리를 단단히 묶어 주었고, 사랑이라는 이름으로 오래도록 기억되게 했습니다. **기다림은 결국 사랑을 준비하라는 또 하나의 시간이라는 것도 알게 되었습니다.**

> "사랑은 기다림 속에서 깊어진다."
>
> – 루이자 메이 올콧

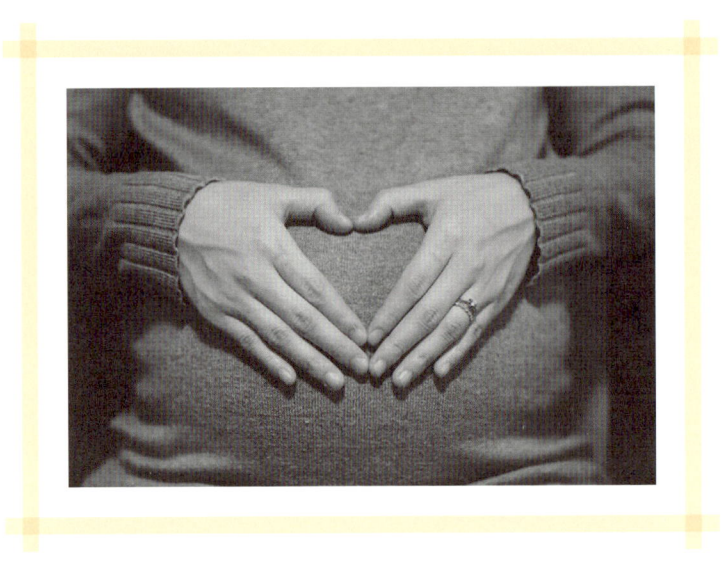

[4화]

천 번이고, 만 번이고 기다릴 수 있어
마음을 배워가는 시간

❖❈❖

    우리 아들 주원이는 누구에게나 자연스러운 감정 표현이나 일상적인 행동조차 어려운 아이입니다. 장애가 있고 발달이 느린 주원이를 키우며 저는 부모로서 참 많은 것을 다시 배우고 새롭게 느끼고 있습니다. 보통의 아이들은 성장 과정 속에서 자연스럽게 세상을 익히고 부모는 그 과정을 옆에서 도와주는 역할을 합니다. 하지만 주원이를 가르치고 이해시키는 일은 매번 어렵고 낯설었습니다. 주변 또래 아이들이 나이에 맞게 성장해 가는 모습을 볼 때면, 우리 아이와의 차이는 더 선명하게 다가왔습니다. 그 다름 앞에서 저는 주원이에게 맞는 교육과 훈육을 찾아야만 했습니다. 모든 것이 처음이었기에 그만큼 더 버거웠습니다.

    주원이가 과잉 행동을 하거나 폭력적인 반응을 보일 때면 모든 것을 내려놓고 싶어졌습니다. 그렇게 힘든 날들이 반복되다 보니 저는 병원에서 '번아웃'이라는 진단을 받게 되었습니다. 어느 날은 주원이의 반복되는 행동에 참지 못하고 화를 내며 감정을 폭발시킨 적도 있었습니다. 우울감에 사로잡혀 아이에게 소리를 지르다 눈물이 왈칵 터져버린 날, 그 상황을 지켜보던 주원이는 오히려 웃었습니다.

"너는 엄마가 울고 있는데 왜 웃는 거야? 이럴 땐 웃는 게 아니라, '엄마, 왜 울어요?'라고 물어봐야지. 정말 이런 것도 모르는 거야? 바보야… 멍청이야…?"

울면서 아이에게 소리를 지르던 저, 그리고 그런 저를 보며 아무렇지 않게 웃는 주원이를 안고 저는 엉엉 울 수밖에 없었습니다. '감정'이라는 것이 당연한 우리와 달리 주원이는 슬픔을 이해하지 못했고, 엄마가 우는 이유조차 받아들이지 못했습니다. 아무리 '슬퍼서 우는 거야.'라고 설명해도 그 감정이 온전히 전달되지 않는다는 현실은 저에게 너무도 힘겨운 일이었습니다.

감정을 반복해서 가르친다 한들 주원이가 모두 이해할 수 있을까? 저는 수없이 고민했습니다. 그나마 아이가 알 수 있는 감정은 '좋아해.' 혹은 '사랑받는 느낌' 정도였습니다. 교과서나 미디어에서는 이런 아이들에게 천 번, 만 번 반복해서 알려주라고 합니다. 하지만 그게 말처럼 쉬운 일은 아니었습니다. 그럼에도 저는 주원이의 엄마입니다. 제 아이가 조금이라도 이 세상을 이해할 수 있도록 수없이 반복해 가르쳐야 할 사람은 바로 저니까요.

퇴근 후 운동 심리센터에 주원이를 데리러 갔을 때 일입니다. 건물 밖에서 들려오는 울음소리, 그 소리가 주원이의 것이라는 걸 저는 단번에 알아차렸습니다. 주원이는 배가 아프다며 화장실을 여러 번 들락날락했지만 결국 팬티에 묻은 잔여물로 인해 바지를 완전히 입지도 못한 채 당황한 얼굴로 화장실 밖으로 나왔습니다. 아이들은 놀라며 소리를 질렀고 주원이는 창피하다는 감정조차 모른 채 배만 두드리며 "아파요."라고 말했습니다. 그날 주원이는 스스로 설사를 조절하지 못한 채, 대변이 묻은 팬티만 벗기고 서둘러 수습한 뒤 저와 함께 집으로 돌아왔습니다. 집으로 향하는 길에 저는 주원이가 얼마나 불안하고 당황스러웠을지 생각하며 가슴이 먹먹해졌습니다. '체한 걸까? 배고픔일까? 아니면 단순한 배탈일까?' 배가 아픈 이유는 다양할 수 있었지만, 주원이는 자신의 상태를 설명하지 못했습니다. 그저 "아파요."라는 말 한마디로 모든 것을 표현할 수밖에 없었습니다.

주원이는 평소 입이 까다롭고 편식이 심해 식사량이 적었습니다. 복용 중인 약의 부작용으로 입맛이 떨어졌습니다. 야채나 과일처럼 섬유질이 풍부한 음식은 잘 먹지 않아, 늘 변비에 시달렸고 배변도 불규칙했습니다. 그러던 어느 날, 주원이가 처음으로 정상적인 변을 본 기적 같은 순간이 찾아왔습니다. 늘 변비가 심해서 딱딱하고 마른 덩어리만 보던 아이였기에 그날의 변은 정말로 놀랍고 기쁜 변화였습니다. "주원아, 잘했어! 원래 이렇게 보는 거야. 네가 잘 먹어서 그런 거야." 제가 칭찬하자 주원이는 환한 웃음을 지으며 말했습니다. "엄마, 주원이 잘했어? 원래 이렇게 보는 거야? 엄마가 칭찬해 주니 좋아요." 그 순간, 저는 너무나 크게 감동했습니다. 아이에게는 단순한 말이었지만 그 속에 담긴 변화는 저에게 너무도 특별했습니다.

주원이는 여전히 감정을 정확히 표현하지 못하고 자신의 상태를 명확하게 말할 수 없습니다. 하지만 저는 알고 있습니다. 주원이는 지금도 세상을 조금씩 자기만의 속도로 배워가고 있다는 것을요. 그래서 저는 계속해서 가르칠 것입니다. **천 번이고 만 번이고, 배가 아파서 우는 것과 슬퍼서 우는 것, 그리고 기뻐서 웃는 감정. 이 모든 것들을 이해하고 스스로 표현할 수 있는 날이 올 때까지 기다리고, 또 가르칠 것입니다. 주원이가 보여 주는 작은 변화 하나, 웃음 하나는 저에게 무엇과도 바꿀 수 없는 희망이고 기쁨입니다.**

오늘도 저는 다시 가르칩니다. 사랑하는 우리 아이가 세상을 더 많이 이해하고, 감정을 느끼고, 표현할 수 있도록. 그날이 올 때까지 저는 아이의 곁에서 사랑을 가르치고 사랑으로 배워갈 것입니다.

> "아이들은 우리가 어떻게 느끼는지를 보고 배운다."
>
> — 제임스 볼드윈

[5화]

부모의 변화가 아이를 바꾼다
미숙한 나를 비춰준 아이의 거울

❖❖❖

　오은영 박사님의 〈금쪽 상담소〉를 보다 보면 많은 문제의 뿌리가 부모에게 있다는 말을 자주 듣습니다. 아이의 기질도 무시할 수 없지만, 그 원인을 가만히 들여다보면 부모에게 비롯된 경우가 많습니다. 그리고 저 역시 그 책임에서 자유롭지 않다는 사실을 인정합니다. 제가 생각하기에 저는 어릴 적 부모로부터 충분한 사랑과 관심을 받지 못한 채 자랐습니다. 어려운 환경 속에서 부모님은 늘 먹고 사는 문제로 바쁘셨습니다. 그래서 저는 살가운 표현도 따뜻한 말도 많이 듣지 못하며 자랐습니다. 마음속에는 늘 결핍이 자리했고 그 공허함은 나이가 들어서도 쉽게 채워지지 않았습니다. 저 역시 '금쪽' 같은 아이였으며 그 상처를 품은 채 어른이 되었습니다. 그리고 지금, 제 아이 역시 그 아픔을 닮아가는 것만 같았습니다.

저는 아이들을 정말 좋아했습니다. 어릴 때부터 어린이집 선생님이 되고 싶다고 말하곤 했고 아이를 잘 키울 자신도 있었습니다. 주변 사람들도 제가 아이를 잘 돌본다고 칭찬해 주었고, 친구의 아이를 돌봐준 경험도 있을 만큼 아이와 함께하는 시간에 자신감이 있었습니다. 그래서 제 아이는 정말 소중히 금이야 옥이야 키우겠다고 다짐했습니다. 하지만 아이를 임신한 순간부터, 시댁과의 갈등 속에서 아이가 짐처럼 느껴지기 시작했습니다. 시댁 근처에 살며 자유롭지 못한 생활은 임신 기간 내내 깊은 스트레스를 안겨주었습니다.

아이를 뱃속에 품고 있을 때부터 선천성 기형 진단을 받았고, 현실은 결코 마음처럼 따라주지 않았습니다. 아이의 양육은 생각보다 훨씬 더 큰 고통과 인내를 요구했습니다. 힘든 현실 속에서 제 마음속에는 사랑과 함께 원망이 뒤섞인 감정이 자리했습니다. 그 감정은 결국 아이에게 향하고 말았습니다. 저는 제 감정을 다스리지 못하는 저 자신이 안쓰럽고 한심하게 느껴졌습니다. 한때는 하나님께 원망 섞인 기도를 하기도 했습니다.
"왜 저에게 이런 아이를 주셨나요."

결국 주원이는 구순열로 태어났습니다. 처음 아이의 얼굴을 본 순간, 저는 당황스러움을 감추지 못했습니다. 그때의 감정이 고스란히 아이에게 전해졌던 걸까요? 주원이는 늘 불안해했고, 제가 보이지 않으면 저를 찾아 헤맸습니다. 그리고 자주 물었습니다.

"엄마, 주원이 사랑해요?"

"엄마, 주원이 좋아해요?"

"엄마, 사랑해요."

"엄마, 안아주세요."

겉으로는 좋은 엄마로 보였을지 모르지만, 제 안은 늘 상처투성이였습니다. 친정에서 지내며 대부분의 육아를 친정엄마에게 맡긴 채, 저는 핸드폰 속으로 도피하듯 시간을 보내기도 했습니다. 아이가 마음에 들지 않으면 소리를 지르거나 야단치며, 때로는 손찌검까지 하기도 했습니다.

그러던 어느 날, 주원이가 어린이집 선생님에게 말했습니다.

"엄마가 소리 지르고 때려요."

그 말을 듣고 큰 충격을 받았습니다. 누군가에게 "계모 같다."라는 말을 들었을 때보다, 아이의 입에서 직접 그런 말을 들으니 가슴이 철렁 내려앉았습니다. 그제야 알았습니다. 저는 부모가 될 준비가 되지 않은 상태에서 아이를 낳았다는 것을. 제가 받지 못한 사랑으로 인해 아이에게 온전한 사랑을 주지 못하고 있었던 것입니다.

센터 상담에서 저는 비로소 제 내면의 상처와 마주했습니다.

"서연 님 검사 결과에도 부모님에게 사랑과 관심을 받고 싶었던 욕구가 뚜렷하게 나타났어요. 어린 시절 서연 님도 따뜻한 말과 온기를 갈망했지만, 바쁘셨던 부모님은 표현을 잘하지 못했던 것 같아요. 그 마음이 결국 상처로 남아 있었던 거예요."

사랑받고 싶었지만 그러지 못했던 어린 시절. 그때의 마음이 제 안에 그대로 남아 있었던 겁니다. "많이 힘들었지? 너도 사랑받고 싶었구나." 상담 선생님의 그 한마디에 저는 눈물을 참지 못했습니다. 저도 몰랐던 상처와 마주하는 순간이었습니다.

한번은 센터로 가는 길에 주원에게 물었습니다.
"주원아, 엄마가 좋아? 엄마가 좋은 건 뭐야?"
"안아주고, 사랑해 주고, 맛있는 거 사주는 거!"
"그럼, 엄마가 싫었던 건 뭐야?"
"소리 지르고 때리고, 엄마가 주원이 안 사랑했어. 그래서 싫었어."
그 말을 듣고 저는 너무 놀라고 미안했습니다. 그래서 아이에게 말했습니다.
"엄마가 처음이라 미숙했어. 정말 미안해. 소리 지르고 때린 것도, 사랑을 다 주지 못한 것도. 지금이라도 사과할게. 용서해 줄래?"
잠시 망설이던 주원이는 "응, 사과 받아 줄게."라고 대답해 주었습니다. 센터 수업을 마치고 돌아오는 길, 저는 참 많이 울었습니다. 제가 얼마나 큰 상처를 아이에게 주었는지, 그제야 깊이 깨달았기 때문입니다.

그리고 그날 이후 저는 아이에게 자주 말합니다.

"엄마가 정말 미안해. 이전의 모든 행동과 말, 다 미안해. 앞으로는 더 많이 안아주고, 더 많이 사랑해 줄게."

오은영 박사님의 말씀처럼 "부모가 변하면 아이도 변합니다." 그 말을 마음에 새기며 노력하니 주원이는 조금씩 밝아졌습니다. 문제 행동은 줄어들었고, 감정 조절 능력도 눈에 띄게 좋아지고 있습니다. 아이는 결코 문제아가 아니었습니다. **부모의 태도와 행동이 아이의 모습을 결정짓는다는 걸 이제서야 진심으로 깨달았습니다.** 저는 지금도 배워 가고 있습니다. **어두운 터널 속에 홀로 서 있던 주원이를 혼자 걷게 만든 시간을 후회하며 이제는 제 손을 잡고 함께 밝은 길로 나아가고자 합니다.**

주원아, 엄마가 정말 미안해. 그리고 누구보다 사랑해. 이제부터는 네가 걷는 모든 길 위에, 엄마도 함께 발을 디딜 거야.

> "부모가 변하면 아이도 변한다. 사랑이 가장 강력한 치료제다."
> – 오은영 박사

[6화]

말은 화살보다 깊이 상처를 남긴다
배려 아닌 배려의 말이 남긴 멍

인생은 알 수 없는 길의 연속입니다. 저는 늘 '설마 나에게 그런 일이 일어날까?' 생각하며 안일하게 살았습니다. 그러나 어느 날, 그 설마가 제 현실이 되었습니다. 아픈 아이가 태어났으며, 결혼 생활은 생각보다 훨씬 더 버겁고 어려웠습니다. 지금, 이 순간에도 문득문득 후회가 밀려옵니다. '내가 그렇게 생각해서 이런 일들이 생긴 건 아닐까?' 물론 생각한다고 모두 현실이 되는 것은 아니지만, 결국 제가 원했던 결혼도, 살고 싶던 동네도, 바라던 '아이의 모습'도 어느 것 하나 제 뜻대로 되지 않았습니다. 결국 주원이를 키우는 삶이 제 현실이 되어버렸습니다.

어느덧 주변 사람들은 저를 걱정하기 시작했고, 제 이야기를 듣고 눈물을 흘리는 사람도 있었습니다. 반면에, 의도치 않게 제 마음을 무겁게 하는 말들도 들려왔습니다.

"임신했을 때 좀 더 관리하지 그랬어."
"아이가 힘들면 지우는 것도 방법이야."
"안 되면 시설에 보내야지."

처음엔 그런 말들조차도 '다 저를 위한 말이겠지.' 싶어 감사하다고 고맙다고 인사했습니다. 그런데 어느 날부터인지 설명할 수 없는 감정이 가슴 깊이 파고들었습니다. 분명 위한다고 한 말인데 오히려 저를 무겁게 짓누르는 것이었습니다. 하지만 그때의 저는 장애아를 처음 키우는 상황이었고, 마음의 여유조차 없어 그 감정을 스스로 자각하지 못했습니다. 그래서 몰랐습니다.

그러던 어느 날, 무심코 보던 인스타그램 알고리즘에서 샤이니 종현 씨의 라디오 멘트가 제 마음을 멈추게 했습니다.

"다들 그렇게 살아. 너만 힘든 거 아니야. 이 말은 세상에서 가장 잘못된 위로라고 생각해요. 누구나 힘들다고 말하는 건, 위로가 아니에요. 마음의 상처는 겉으로 보이지 않아서 더 어려워요." 그 순간, 마치 머리를 얻어맞은 듯 눈물이 터져 나왔습니다. 그제야 알았습니다. 왜 사람들이 저에게 건넨 말들이 오히려 저를 숨게 만들었는지를. 그리고 문득 떠올렸습니다. 저 역시 누군가에게 무심코 던진 말로 상처를 남겼을지도 모른다는 사실을.

그때 저는 저 자신에게 다짐했습니다.

"앞으로 말 한마디를 할 때도 한 번 더 생각하자. 누군가를 위한다고 했던 말이 그 사람에게는 결코 위로되지 않았다는 걸 이제야 알겠구나. 그 말이 누군가에게는 비수가 될 수 있다는 걸 잊지 말자."

사람들이 건넸던 조언은 머리로는 이해되지만 마음은 따라주지 않았습니다. 왜냐하면 그 누구도 제 삶을 살아본 적이 없었기 때문입니다. 잠시 제 아이를 안아주고 놀아주는 것과 매일을 함께 살아 내는 것은 전혀 다른 일이었습니다. 그런데도 제 상황을 "조금 더 힘든 것뿐이야.", "네가 주원이 위해 더 노력해야지.", "그렇게 힘들어도 주원이 친구들 좀 만들어줘야지.", "네가 임신 전에 몸 관리를 잘 안 해서 그런 거 아니야?", "이제는 네 인생보다 아이 케어가 우선이야."라고 말하는 것은 결코 도움이 되지 않았습니다. 그 누구도 장애가 있는 아이를 매일 돌보며 살아본 적이 없었습니다.

결국 저는 입을 닫기 시작했습니다. "괜찮아요, 아니요, 별일 없었어요."라는 말 뒤에 상처를 감추었습니다. 그저 입을 닫는 것이, 상처받지 않는 유일한 방법이었습니다.

사람들은 배려라고 말하지만, 그 말이 진짜 배려가 되려면 생각의 깊이와 조심스러움이 필요하다는 걸 배웠습니다. 작은 일이 누군가에겐 큰 고통이 될 수 있습니다. 제가 어렵다고 여긴 일이 누군가에겐 아무렇지 않을 수도 있습니다. 결국 우리는 서로의 감정을 온전히 헤아릴 수 없다는 사실을 기억해야 합니다.

그렇게 깨달았습니다. **말 한마디가 생명을 살릴 수도, 죽일 수도 있다는 사실을요.** 그래서 저는 다짐합니다. 다시는 "배려가 아닌 배려"로 누군가의 마음에 흉터를 남기지 않겠다고요. 무엇보다 이 세상에서 우리 아이를 가장 사랑할 수 있는 사람은 바로 '엄마인 나'라는 사실을 잊지 않으려 합니다. 조금 더 기다려주고 따뜻한 눈빛 하나로 "괜찮아, 잘하고 있어."라고 말해 주는 사회. 그것이 장애 아이를 키우는 엄마가 다시 일어설 수 있는 진짜 힘이 되어 준다는 걸요.

> "말은 화살보다 깊이 상처를 남긴다."
>
> — 벤자민 프랭클린

[7화]

아이 곁을 지킨 한 사람
빈자리를 대신한 아빠이자 엄마인 나

❖※❖

　엄마든 아빠든, 혼자서 자녀를 양육한다는 것은 결코 쉽지 않았습니다. 사별이든 이혼이든, 어떤 이유에서든 한 사람이 아이의 모든 것을 감당해야 한다면 그 공백을 채우는 일은 단순한 책임감을 넘어 하루하루가 도전이 됩니다. '과연 내가 아이를 잘 키울 수 있을까?' 그 질문은 늘 제 마음속을 떠나지 않았습니다.

　혼자가 되기로 결심했을 때, 저는 마음을 굳혔습니다. 책임지지 않는 누군가의 자리를 붙잡기보다 차라리 혼자가 되어 온전히 감당하겠다고. 하지만 그 결심 뒤에 따라온 삶은 끝없는 숙제의 연속이었습니다. 특히 성별이 다른 아이를 키운다는 일은 생각보다 훨씬 더 복잡하고 어려운 부분이 많았습니다. 그래서일까요. 부모가 헤어질 때 자녀의 성별에 따라 누가 아이를 맡을지 결정하는 경우를 자주 보게 됩니다. 육아의 어려움을 조금이라도 줄이기 위한 선택이겠지요.

처음에는 저도 '혼자서도 다 해낼 수 있다'고 생각했습니다. 그렇게 마음먹었고, 실제로 많은 일들을 감당하며 살아왔습니다. 하지만 아이가 자라면서 점점 느꼈습니다. 엄마인 제가 아이에게 필요한 모든 것을 해결해야 했고, 때로는 아빠의 몫까지 감당해야 하는 순간이 많아졌습니다.

찜질방에서의 일이 기억납니다. 아이에게 새로운 경험을 선물하고 싶어 데려갔지만, 씻기고 옷을 입히는 것조차 난관이 되었습니다. 성별이 다른 보호자는 들어갈 수 없는 구조였기 때문입니다. 다행히 지인의 남자 친구가 도와주어 겨우 해결했지만, 그 순간 깨달았습니다. '아빠가 없다면 이렇게 사소한 일조차도 벽이 되는구나.' 제가 할 수 없는 일 앞에서 느낀 무력감은 생각보다 깊었습니다.

아이와 함께 동네 친구들과 배드민턴을 치던 날이었습니다. 옆에서 아빠와 아이가 함께 웃으며 뛰노는 모습을 보던 제 아이가 조용히 말했습니다. "나도 아빠랑 저렇게 놀고 싶어." 그 말 한마디에 저는 할 말을 잃었습니다. 아무것도 해줄 수 없다는 현실 앞에서 속으로 울음을 삼키며 아이를 조용히 안아 줄 수밖에 없었습니다. TV 속에서 아빠와 아이가 함께 시간을 보내는 장면을 볼 때마다 아이는 묻습니다. "아빠는 왜 안 와? 왜 나랑 안 놀아줘?" 저는 애써 웃으며 대답합니다. "아빠도 주원이를 보고 싶어 할 거야." 하지만 그 말로 아이의 마음을 위로할 수 없다는 걸 잘 알고 있습니다. 그날 밤 저는 조용히 눈물을 흘렸습니다.

저는 어릴 적 아버지의 사랑을 느끼며 자랐습니다. 무뚝뚝하셨지만 늘 곁에 계셨던 아버지의 존재는 제게 든든한 울타리가 되어 주셨습니다. 하지만 우리 아이는 그 울타리를 경험하지 못한 채 자라고 있습니다. 아빠의 부재는 아이에게만이 아니라 제게도 깊은 외로움으로 다가옵니다.

그럼에도 아이와 함께하는 지금의 삶은 어떤 순간보다 저에게 큰 사랑과 힘이 되어줍니다. 모든 것을 혼자 감당해야 하는 부담감에 때론 두렵고 '내가 과연 아이를 잘 키울 수 있을까?' 하는 생각에 눈물이 날 때도 있지만, 저는 엄마로서, 때로는 아빠의 몫까지 해내며 아이 곁을 지키려 합니다. **완벽하지 않아도 괜찮습니다. 충분하지 않아도 괜찮습니다. 저는 늘 아이 곁에 서서 그 손을 놓지 않을 것입니다. 아이에게 손이 되고, 발이 되고, 마음이 되고 싶습니다.**

그리고 언젠가 아이가 자라 저에게 이렇게 말해 주는 날이 오길 바랍니다.

"엄마, 사랑해요. 엄마가 저를 잘 키워줘서 정말 고마워요." 그날이 올 때까지, 저는 오늘도 아이와 함께 걷겠습니다.

"부모가 된다는 것은 자신보다 누군가를 더 사랑하게 되는 순간부터 시작된다."

― 엘리자베스 스톤

[8화]

강한 엄마일까, 무모한 엄마일까?
두려움 앞에선 "바이킹, 레볼루션"

◆✹◆

저는 어떤 엄마일까요? 강하고 용감한 엄마일까요, 아니면 무모하고 막무가내인 엄마일까요? 이 글을 쓰는 지금도 확신할 수는 없습니다. 하지만 분명한 건, 겁이 많은 우리 아이에게 다양한 경험을 선물하고 싶다는 마음만큼은 진심이라는 사실입니다. 어느 날, 아이가 유튜브 영상을 보며 말했습니다. "엄마, 나도 롯데월드 가보고 싶어!" 그 말이 떨어지자마자 저는 망설이지 않고 차에 올랐습니다. 목적지는 당연히 롯데월드였습니다.

당시에는 장애인 등록증이 있으면 놀이기구 대기 시간을 줄일 수 있었기에 저는 아이가 더 많은 경험을 할 수 있길 바랐습니다. 도착하자마자 눈에 들어온 놀이기구들. 아이의 눈빛은 설렘과 동시에 긴장한 기색이 역력했습니다. 아이는 감각 통합 치료를 받을 만큼 겁이 많아, 높은 곳이나 새로운 환경을 쉽게 받아들이지 못했습니다. 하지만 이번만큼은 그 한계를 넘어 주길 바랐습니다.

"엄마가 옆에 있으니까 괜찮아."

저는 그렇게 아이의 손을 잡고 하나씩 도전해 나갔습니다. 첫 도전은 '신밧드의 모험'이었습니다. 갑작스러운 낙하 구간에서 아이는 저에게 바짝 붙어 몸을 떨었습니다. "괜찮아! 잘했어! 원래 이렇게 타는 거야." 저는 다정하게 아이를 다독였지만, 솔직히 걱정되었습니다. '혹시 내가 너무 무리하게 아이를 밀어붙이는 건 아닐까.' 하지만 그런 걱정과는 달리 아이 얼굴에 자신감이 떠올랐고, 저는 그 순간을 놓치고 싶지 않았습니다. 그래서 우리는 계속 놀이기구에 도전했습니다.

그러다 아이의 시선이 멈춘 곳은 바로 어른들도 쉽지 않다는 '레볼루션'이라는 놀이 기구였습니다. 아이는 멍하니 레볼루션을 바라보고 있었고, 저는 아이의 눈빛 속에서 두려움과 함께 호기심도 읽을 수 있었습니다. 저는 아이의 손을 꼭 잡고 말했습니다.

"주원아, 한 번 타볼까?"

출발 직전, 아이의 얼굴에는 불안한 기색이 역력했습니다.

"엄마, 나 무서워…."

그때, 직원이 조심스럽게 물었습니다. "정말 탈 수 있겠어요?"

잠시 고민했습니다. 포기할까, 아니면 도전할까? 잠시 망설이다가 직원에게 물었습니다.

"이거 타는 데 얼마나 걸리나요?"

"2분 정도요."

2분. 그 짧은 시간 동안 우리 아이가 두려움을 이겨낼 수 있을까? 저는 아이를 바라보며 말했습니다.

"매우 무서울 거야. 그렇지만 엄마가 손 꼭 잡고 있을게. 눈 감고 있어도 괜찮아."

그리고 출발 직전, 아이의 가슴 위에 제 손을 얹고 마음속으로 짧게 기도했습니다.

"하나님, 아무 일 없게 해주세요."

놀이기구가 빠르게 움직이기 시작했습니다. 회전과 낙하가 반복되는 동안 아이의 손을 꼭 잡은 채 저도 함께 긴장을 풀지 못했습니다. 그리고 2분 후, 우리는 무사히 출발 지점으로 돌아왔습니다. 중고등학생 형들과 직원들이 말했습니다.

"너 정말 잘 탔다! 멋지다!"

그 말을 들은 아이는 무서움보다 뿌듯함이 먼저 밀려온 듯 웃으며 저를 바라보았습니다. "엄마, 나 잘한 거야?", "응, 정말 잘했어!"

작은 보상으로 저는 아이에게 구슬 아이스크림을 사주었습니다.

저는 마지막으로 '바이킹'까지 타보자고 제안했습니다. 하지만 아이는 앞선 무서운 경험을 기억하며 도망치려 했습니다. 직원은 또 한 번 물었습니다.

"정말 탈 수 있겠어요?"

저는 잠시 주저했지만, 다시 아이에게 용기를 주고 싶었습니다. 그 순간, 주변 시선도 의식됐습니다.

"저 엄마, 자기가 타고 싶어서 아이를 억지로 데리고 다니는 거 아니야?", "저 아이는 저렇게 무서워하는데 왜 자꾸 강요하지?"

하지만 저는 확신했습니다. '아이가 무섭다고 해서 경험을 차단한다면, 아이는 도전할 기회조차 얻지 못할 거야'. 놀이기구가 움직이고 주원이는 고개를 숙였고, 무서움에 떨었지만 결국 끝까지 해냈습니다.

그날 이후 저는 생각했습니다. 과연 나는 어떤 엄마일까. 결국 저는 이렇게 결론 내렸습니다. "아이가 두려움 앞에 멈출 때, 그 곁에서 손을 잡아줄 수 있는 엄마." 저는 그런 엄마가 되고 싶습니다.

살다 보면 우리 아이는 수많은 두려움을 마주하게 될 것입니다. 놀이기구만 아니라, 학교와 사회, 인간관계, 그리고 새로운 도전 앞에서도 아이가 피하지 않고 용기를 낼 수 있도록 옆에서 지켜주고 싶다고. ==그때마다 피하지 않고 한 번이라도 더 도전할 수 있도록 저는 옆에서 용기를 북돋아 주는 그런 사람이 되고 싶습니다. 남들보다는 느릴 수 있고, 실패할 수도 있지만 결국 더불어 살아갈 수 있는 아이로 자라길 바랍니다.== 저는 그 길에 함께 걷는 조력자이자 동행자로서 언제나 아이의 손을 다시 잡아 줄 것입니다.

> "용기는 두려움이 없는 것이 아니라, 두려움보다 더 중요한 것을 선택하는 것이다."
>
> — 프랭클린 D. 루즈벨트

[9화]

한 아이를 바꾸는 건 시선이었다
믿어주었다면 달라졌을 길

❖

 장애가 있고 발달 속도가 느리다고 해서, 삶의 모든 영역에서 느리고 뒤처지는 것은 아닙니다. 자폐가 있어도 어떤 영역에서는 놀라운 재능을 보이거나 남다른 집중력을 발휘하는 경우가 많습니다. 그런데 아이가 그 가능성을 꽃피우기 위해서는 부모뿐 아니라 교사와 치료사의 시선이 중요합니다. 어떤 교사를 만나느냐에 따라 아이의 인생은 전혀 다른 길을 걷게 되기도 합니다. 현실은 늘 이상과 같지 않습니다. 가능성을 봐주는 교사도 있었지만, 문제 행동만 보고 아이의 잠재력을 외면하는 교사도 있었습니다. 저 역시 주원이를 키우며 여러 교육자를 만나 웃기도 했고, 때로는 속상해 불만을 제기한 적도 있었습니다.

 발달 장애 아이를 키우는 부모들은 헤맵니다. 어떻게 훈육해야 할지, 어떤 교육이 맞는지 답을 찾기 어렵습니다. 비장애 아이를 키우는 일조차 쉽지 않습니다. 아이의 관심사를 찾고, 그 아이가 사회에 나가 자기 역할을 다하도록 이끄는 일은 그 자체로 누구에게나 쉬운 일이 아닙니다. 하지만 자폐나 발달 장애가 있는 아이들은 무엇이 잘못된 것인지조차 모르는 경우가 많습니다. 그래서 부모의 가르침도 중요하지만 특수교육의 전문성과 교사의 세심한 시선이 꼭 필요합니다. 그럼에도 일부 교사들은 문제 행동에만 집중해 가능성보다 한계를 먼저 단정 짓고, 부정적인 말들로 부모의 마음을 더 무겁게 만들기도 합니다.

특수 교사라 하더라도, 모든 교사가 아이의 가능성을 발견하는 눈을 지닌 것은 아닙니다. 이 부분은 저만 느낀 게 아닐 겁니다. 현장에서 그런 교사들을 만날 때, 아이의 자존감이 무너지고 스스로 쓸모없는 존재로 여기게 되는 경우도 있었습니다. 심지어 눈에 띄지 않게 아이에게 상처를 주는 경우도 있었습니다. 저 역시 그 많은 사례 중 하나일 뿐이지만, 그런 경험을 하며 생각했습니다.
'정말 세상은 장애아와 그 부모에게 너무 가혹하구나.'

주원이가 유치원에 다니던 시절이었습니다. 자아가 더 강해지면서 수업을 방해하거나 친구들을 불편하게 하는 일이 많아졌습니다. 선생님의 컴퓨터를 끄고 가거나, 친구들이 싫어하는 행동을 반복하기도 했습니다. 유치원에서는 "종일반은 어렵습니다. 주원이 때문에 선생님이 그만두고 싶다고 하네요." 그 말을 들었을 때, 마음 한켠이 무너져 내렸습니다.

 그러던 어느 날, 센터 상담 중 선생님께서 충격적인 이야기를 전했습니다. "주원이가 원하는 대로 선생님이 해주지 않자, 기분이 나빠 밀었더니 선생님도 주먹으로 주원이에게 꿀밤을 때렸다고 했어요. 혹시 알고 계셨나요?" 순간 믿기 어려웠습니다. "혹시 아이가 지어낸 말은 아닐까요?" 하고 여쭤보니, "그럴 인지 수준은 아니에요. 거짓말로 그렇게 말할 수 있는 아이가 아닙니다."

 TV에서만 보던 일이 우리 아이에게 일어났다는 사실에 속이 뒤집혔습니다. 너무도 속상했지만 따질 수 없었습니다. 결국 퇴소 조치를 당했고, 더 이상 다닐 곳이 아니었기에 그냥 덮을 수밖에 없었습니다. CCTV를 확인하려면 경찰 동행이 필요하고, 절차도 복잡하다는 말에 결국 포기했습니다.

 엄마인 저는 아이를 믿고 교육기관에 맡깁니다. 다양한 것을 배우고, 사람들과 어울리고, 자신을 알아가길 바라며 보냅니다. 그런데 아이가 조금 느리다고, 문제가 있다고, 그 시선으로 바라보고 아이를 포기해 버리는 교사들을 만나며 생각했습니다. '이 세상에, 우리 아이를 믿고 맡길 수 있는 곳이 정말 존재하기는 할까?' 그동안 모르고 아이를 탓하며 야단치던 제 모습이 떠올랐습니다. 아이에게 어디 하나 의지할 곳이 없었다는 걸 깨닫고 나니 가슴이 너무 아팠습니다.

어린이집에 다닐 때 일이 떠오릅니다. 그때는 정신과 약도 먹지 않았고, 그저 발달 속도가 조금 느리고 과잉 행동이 있는 아이 정도로 생각했습니다. 규칙적인 생활 속에서 안전하게 지내는 법을 배워야 했고, 또래 친구들과의 상호작용도 아직 어려울 때였습니다. 아이들은 블록을 쌓고 있었지만 주원이는 그걸 무너뜨려 친구들을 울게 하고, 선생님의 수업을 방해하며 물건을 던지기도 했습니다. 그런 행동들을 교사가 지도해 주기를 바랐지만 "말을 안 듣는다."라며 화장실 앞에서 손을 들고 벌을 주는 체벌을 하기도 했습니다.

주원이는 발달 속도가 느리지만 6세 때부터 한글을 이미지처럼 기억해 또래보다 빨리 글자를 익혔습니다. 어린이집 교사들은 그 점을 신기해하며 "주원이가 책을 정말 잘 읽네요. 집에서 한글을 가르치셨나 봐요."라고 하셨습니다. 그 말은 기분이 좋았지만, 어느 날 교사 한 분이 이렇게 말씀하셨습니다.
"한글을 잘 읽는 걸 칭찬했더니 더 산만해지고 거만해졌어요. 그래서 요즘은 잘해도 일부러 칭찬을 자제하고 있어요."
처음엔 아이가 늘 문제를 일으키니 그러실 수도 있겠다 생각했지만, 곰곰이 생각해 보니 아무리 그래도 잘한 건 칭찬을 통해 자존감을 끌어올려 줘야 하지 않을까 싶었습니다.

초등학교 입학을 앞두고 물었습니다.

"우리 주원이가 학교에 잘 적응할 수 있을까요?"

선생님은 이렇게 말씀하셨습니다.

"수업을 따라가기 힘들고, 또래 관계도 어려울 겁니다. 특수 학교가 맞을 것 같아요. 저는 주원이가 일반 학교에선 적응하기 어려울 것 같아요."

"네, 알겠습니다."라고 대답은 했지만, 그 말을 듣고 돌아오는 버스 안에서 눈물이 멈추지 않았습니다. 며칠을 고민하다가 국공립 어린이집 원장님께 전화를 드렸습니다.

엄마로서, 그리고 객관적으로, 교사에 대한 불만을 조심스레 말씀드렸습니다.

"원장님, 저희 아이가 문제 행동을 자주 보이고 선생님들 수업에 지장을 줄 수도 있다는 것, 정말 죄송하게 생각합니다. 하지만, 아이가 그런 것을 배우고, 조금씩 바뀌어 가라고 보내는 곳이 어린이집 아닌가요? 교사는 아이들이 더불어 살아갈 수 있도록 옳고 그름을 가르치고, 자존감을 키워가도록 돕는 존재라고 생각합니다. 그런 교사가, '이 아이는 초등학교 가서도 적응 못 할 거예요.', '따돌림을 당할 수도 있어요.' 이렇게 말한다면, 부모는 도대체 어디서 희망을 얻어야 할까요?"

그 말을 들은 원장님은 이렇게 답하셨습니다.

"어머니, 저희 교사가 잘못한 것 같습니다. 제가 다시 교육하겠습니다. 마음이 상하셨을 텐데… 죄송합니다."

만약 아이를 믿어주고 지지해 줄 교사가 있었다면, 아이의 인생은 조금 더 단단히 자라날 수 있을 것입니다. 남들보다 더 많은 노력이 필요했지만, 그 믿음 하나만으로도 아이의 자존감은 무너지지 않을 것입니다. 저는 지금도 바랍니다. **이 세상에 따뜻한 마음씨로 아이를 바라봐주는 이들이 단 한 명이라도 더 늘어나기를. 그리고 우리 사회가, 가능성을 믿어주는 시선을 가진 교사와 어른들로 조금 더 따뜻해지기를 간절히 바랍니다.**

> "아이를 어떻게 대하느냐에 따라 아이는 그런 사람이 된다."
>
> – 요한 볼프강 폰 괴테

[10화]

너의 눈 속 세상을 바꾸고 싶었다
외사시 수술대에서 배운 간절한 기도

❖

주원이는 외사시로 아산병원에서 수술을 받았습니다. 그러나 이 수술도 순탄치 않았습니다. 의료계 파업으로 한 차례 수술이 연기된 끝에, 겨우 날짜를 다시 잡아 어렵게 진행할 수 있었습니다. 이미 많은 병을 겪어야 했던 주원이가 또다시 수술대에 오른다는 현실은, 엄마인 저에게는 견디기 힘든 아픔이었습니다. 수술복을 입고 수술실로 향하는 작은 등을 바라보며, 문득 제 마음도 함께 수술대 위에 오르는 듯했습니다. 그때 저는 제 삶의 모든 기도를 단 하나로 모았습니다. '이 아이, 아무 일 없이 무사히 깨어나게 해주세요.' 더 속상했던 것은, 외사시라는 사실조차 제가 먼저 알지 못했다는 점이었습니다.

어느 날, 집에 놀러 온 형님이 조심스럽게 물었습니다.
"동서, 주원이 눈이 좀 이상한 거 알고 있어요?"

그제야 정신이 번쩍 들었지요. 사실 아기 때는 길게 자란 눈썹이 눈을 찔러 눈물을 흘리는 일이 있었고, 저는 그저 눈이 불편해서 비비는 거라고 생각하며 대수롭지 않게 여겼습니다. 하지만 안과에 가보니 의사 선생님께서 말했습니다.

"아이가 외사시가 심합니다. 수술을 바로 하기보다는 안경을 먼저 써보고, 그래도 조절이 안 되면 수술을 고려하는 게 좋겠습니다."

주원이가 잘 안 보인다며 텔레비전을 볼 때마다 앞으로 다가가는 모습을 보면서, 저는 "눈 나빠진다, 뒤로 가."라고 다그치기만 했습니다. 가까이 가는 것만 걱정했지, 시력이 나빠서 그럴 수밖에 없었다는 사실은 미처 알지 못했습니다. 그렇게 주원이는 안경을 쓰기 시작했고, 결국은 수술을 받게 되었습니다. 구순열 수술을 받을 때도, 조그마한 아이가 감당해야 할 고통을 지켜보며 엄마인 제 마음이 무너졌는데 또 한 번 외사시 수술을 받아야 한다는 현실 앞에서 저는 벼랑 끝에 선 듯한 무력감마저 느꼈습니다.

특히 수술 직후, 간호사 선생님은 말했습니다.
"보호 캡을 손으로 만지지 못하게 잘 지켜봐 주세요."
하지만 주원이는 조금이라도 눈이 불편하면 손이 자꾸 눈으로 가곤 했습니다. 손이 닿을 때마다 울고 소리치는 주원이를 아무리 달래도, 엄마인 저는 해줄 수 있는 게 아무것도 없었습니다. 아픈 아이를 품에 안고도 아무것도 해줄 수 없는 시간, ==그 절망 속에서도 저는 오직 '사랑' 만을 붙들었습니다. 울음이 기도가 되고, 기도가 다시 사랑이 되는 밤이었습니다.==

집으로 돌아와서도 상황은 크게 다르지 않았습니다. 안약을 넣을 때마다 억지로 눈을 벌려야 했고, 손을 올리지 못하도록 작은 손을 묶어 두었습니다. 그렇게 뜬눈으로 주원이를 지켜보며 저는 마음속으로 수없이 울었습니다.

지금도 주원이는 안경 없이는 세상을 뚜렷이 보지 못합니다. 점점 약해지는 아이의 시력을 바라보며, 저는 간절히 바랍니다. 주원이가 가진 모든 것을 바꿀 수 있다면 너의 눈도, 몸도, 그리고 마음도 더 건강해지기를. 그토록 바라고 또 바라는 마음으로, 우리는 또 하루를 견디며 살아가고 있습니다. 어느 것 하나도 쉽게 넘어가는 일이 없는 우리 주원이가 시간이 흘러, 정말 모든 게 조금씩 나아지는 기적이 오기를. 엄마는 두 손 모아 간절히 빌고 또 빕니다.

주원이를 만나 저는 참 행복했습니다. 하지만 문득 아이가 세상에 태어나지 않았다면, 이토록 힘들지 않았을까 하는 생각이 들어 가슴이 찢어질 듯 아픕니다. 분명히, 아이가 원해서 태어난 것은 아니었겠지요. 어쩌면 엄마의 간절한 바람과 욕심이 너를 이 세상에 오게 했는지도 모르겠습니다. 그 생각만으로도 엄마는 미안함에 가슴이 무너집니다. 하지만 미안함보다 더 큰 마음은 언제나 사랑이었습니다. 주원아, 너를 향한 이 사랑이 언젠가 너의 세상을 조금 더 환하게 비춰 주길, 저는 오늘도 믿고 또 믿습니다.

그 사랑으로 오늘도 기도합니다. 어떤 어려움 속에서도 너와 함께할 수 있었던 건, 오직 사랑 덕분이었다는 걸요. 그래서 저는 지금도, 앞으로도 아이를 만나 참 다행이라고 믿고 있어요.

> "사랑은 어떤 상황에서도 견디며, 희망을 잃지 않고, 믿음을 잃지 않으며, 끝까지 포기하지 않습니다."
> — 라일라 기프티 아키타

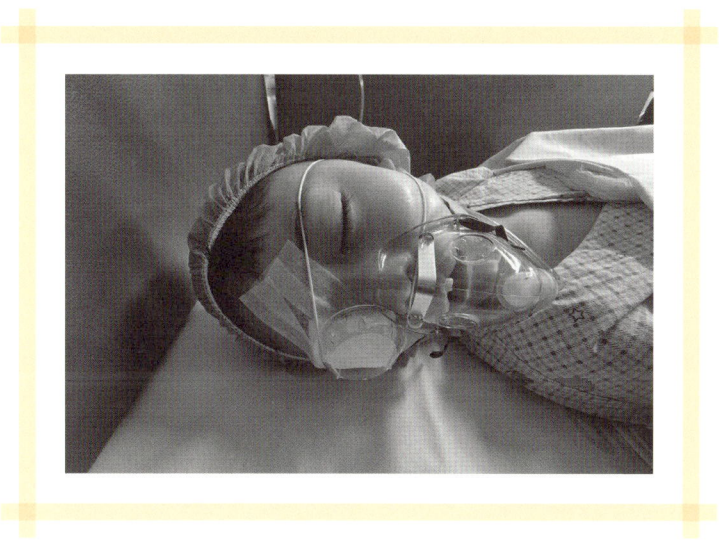

[부록 1]

끝자락 마음의 질문들

평범이 멀어진 날, 나를 붙잡는 다섯 물음

1부는 '평범'이 가장 어려워진 날들, 진단의 충격, 눈물의 계절, 말이 남긴 상처를 지나 엄마가 먼저 변하기로 결심한 기록입니다. 아래 질문들은 그 시간을 통과한 당신이 '선물이 숙제가 되던' 그날을 조용히 다시 정의해 보도록 이끕니다.

→ 내 인생에서 가장 잊지 못할 하루는 언제였나요?

→ 기쁨과 슬픔이 한날에 찾아온 순간이 있었나요?

→ 그때 나는 어떻게 견뎌내고 버텼나요?

→ 지금까지 들었던 말 중, 내 마음을 가장 위로가 되고 힘이 되었던 말은?

→ 내가 힘들 때 가장 먼저 떠올린 사람은 누구였나요?

2부

삶이 나를 밀어낼 때

"삶이 내 의지를 꺾어도,
아이 앞에서 다시 일어섰다"

[1화]

도장 하나, 우리 삶의 무게
ADHD와 자폐 스펙트럼, 장애인 등록증

❖ ❋ ❖

드디어 오늘이구나. 장애인 등록을 하러 가는 날. 마음은 천근만근 무거웠습니다. 저도 모르게 한숨이 자꾸 새어 나왔습니다. 하루 종일 내쉬는 한숨을 눈치챘는지 직원들이 물어왔습니다.

"선생님, 무슨 일 있으세요?"

"왜?"

"표정이 안 좋아 보이시고 자꾸 한숨을 쉬시길래요."

"아… 그래? 내가 한숨을 쉬었나? 미안해. 나도 모르게 그랬네요. 별일 아니에요. 일하죠."

친한 동료들 외에는 우리 주원이가 ADHD와 자폐 스펙트럼으로 정신과 약을 복용하고 있다는 사실을 아무도 몰랐습니다. 다들 발달 속도가 조금 느려 언어치료 정도만 받는다고 알고 있었지요. 아직도 '우리 아이가 다르다', 특히 '약을 복용한다'는 사실을 드러내는 일이 저에겐 어렵습니다.

시간은 흘러 어느새 퇴근 시간이 다가왔습니다. 익숙한 업무라 기계처럼 몸은 움직였지만, 무슨 정신으로 하루를 보냈는지는 저 자신도 기억나지 않았습니다. 밖으로 나와 지나가는 사람들을 보니 무엇이 그리 즐거운지 모두 웃고 있었습니다. 저는 마치 세상의 모든 불행을 혼자 짊어진 사람처럼 슬픈 얼굴을 하고 그 속을 지나가고 있었지요. 게다가 날씨까지 맑고 화창하니 기분은 더 가라앉고, 억울한 마음까지 밀려왔습니다. 고개를 들어 하늘을 보았습니다. 너무나 맑고 예쁜 하늘. 그 하늘을 보고 있으니 괜히 화가 나고, 어느새 눈물이 하염없이 흘러내렸습니다.

저는 그 자리에서 기도했습니다.

"하나님 아버지, 지금 제가 내리는 이 결정이 맞는 걸까요? 정말 주원이를 위한 길이 맞나요? 이 모든 걸 저 혼자 판단하기에는 너무 어렵고, 마음이 너무 아프고 힘듭니다. 왜 저에게 이렇게 가혹한 고난을 주시는 건가요? 저는 괜찮아요. 제가 힘든 건 상관없어요. 하지만 제 아이에게는… 당신이 주신 이 소중한 아이에게는 너무 잔인한 시련 아닐까요? 제발… 제발 도와주세요."

그동안 저는 이 모든 걸 덤덤하게 받아들인다고 생각했습니다. 그래서 담대하게 행동할 수 있을 거라 믿었습니다. 하지만 아니었습니다. 인생의 많은 순간이 선택의 연속이었지만 이번만큼은 달랐습니다. 대학교도, 직장도, 남편도, 어느 것 하나 쉽지 않았지만 선택할 때는 큰 고민을 하지 않았습니다. 그런데 아이에 관한 결정은 너무 어렵고, 너무 무거웠습니다. 제가 내리는 이 선택이 혹시라도 주원이를 더 힘들게 하진 않을까, 나중에 아이가 커서 원망하지는 않을까. 조심스럽고 두렵기만 했습니다. "그래, 진단을 받긴 했지만 오진일 수도 있어. 조금 느릴 뿐이지, 시간이 지나면 따라올 거야. 우리가 잘 가르치지 않아서 그런 걸 수도 있고… 그러나 한편으로는 이 진단이 맞는다면 아이를 제대로 가르치기 위해 등록은 해야 하지 않을까…?" 수없이 반복하며 혼란스러운 마음을 다잡으려 했습니다. 하지만 눈물은 멈추지 않았습니다.

결국 저는 아이를 '장애'가 아닌 '있는 그대로의 아이'로 인정하는 용기를 내야 했습니다. 연세대 세브란스병원 소아 정신의학과에서 받은 진단서를 들고 저는 천천히, 무겁게 주민센터로 향했습니다. 그 길이 왜 그렇게 멀게 느껴졌는지 모릅니다. **몇 정거장 되지 않는 거리였지만, 천 리 길처럼 멀고 두려운 여정이었습니다.**

남편에게 장애인 등록을 하겠다고 말했을 때 그는 물었습니다. "꼭 장애인 등록을 해야 해?" 저는 짧게 "응."이라고 대답했지만, 그 한마디 안에 많은 고민과 결심이 담겨 있었습니다. 아이를 키우는 일은 함께하는 일이지만 중요한 순간마다 결국 결정을 내리는 건 늘 제 몫이었습니다. 남편은 저의 결정을 늘 존중해 주었고 그 선택이 신중하고 현명하다고 믿어주었습니다. 하지만 이번만큼은 남편도 받아들이기 어려웠나 봅니다.

"나는 주원이가 장애인이라고 생각하지 않아. 그냥 조금 느리게 걷는 거야. 조금만 더 천천히 가자." 그 말은 제 가슴을 더 깊이 아프게 했습니다.

그렇게 혼자 지하철을 타고, 버스를 갈아타며 결국 저는 주민센터 앞에 도착했습니다. 30분 넘게 주민센터 앞에서 서성거리며 차마 발걸음을 떼지 못했습니다. 그때 한 직원이 다가와 조심스럽게 물었습니다.
"필요하신 거 있으세요?"
저는 작은 목소리로 대답했습니다.
"아이… 장애인 등록하러 왔어요."
직원의 안내를 따라 장애인 담당자 앞에 앉았습니다. 담당자에게 서류를 제출하고, 물어보는 질문에 답하고, 서명하며 신청을 마쳤습니다. 등록 후 카드가 발급되면 다시 방문하라는 안내와 이후 받을 수 있는 혜택과 교육에 대한 설명도 들었습니다. 모든 절차는 생각보다 오래 걸리지 않았습니다. 그리고 담당자는 장애인 등록증명서를 저에게 건넸습니다. 그 서류 위에는 우리 아이의 이름, 인적 사항, 해맑게 웃는 증명사진, 그리고 '장애'라는 진단명이 선명히 적혀 있었습니다. 그렇게… 등록이 완료되었습니다.

제가 제 손으로 우리 아이의 동의 없이 장애인으로 등록을 마친 순간이었습니다. 이제 친정에 맡겨둔 주원이를 데리러 가야 할 시간이 되었습니다. 버스 정류장에 멍하니 서 있었습니다. 주변의 소리도, 사람들의 모습도 모두 흐릿하게만 느껴졌습니다. 마치 세상에 홀로 남겨진 사람처럼 저는 그곳에서 울고 또 울었습니다. 하지만 그 눈물 속엔 절망만이 아니라, 아이를 지키겠다는 다짐도 함께 섞여 있었습니다.

> "용기란 두려움이 없는 것이 아니라, 그 두려움보다 더 중요한 것이 있다고 판단하는 것입니다."
> – 앰브로즈 레드문

[2화]

14층 창문, 멈춰버린 시간
아이를 붙잡게 한 그날의 공포

❖

몸이 좋지 않아 침대에 누워 있던 어느 날이었습니다. 갑자기 현관문에서 요란한 소리가 들려왔습니다. 초인종이 마구 울리고 문을 거칠게 두드리는 소리가 이어졌습니다. 무슨 일인가 싶어 문을 열자 화가 난 얼굴의 이웃 몇 분이 소리치셨습니다.

"당신 아이가 지금 무슨 짓을 하는지 몰라요? 지금 집에서 뭐 하고 있는 거예요?"

그 말에 가슴이 철렁 내려앉았습니다. 곁에 있어야 할 주원이가 보이지 않았습니다. 급히 집안을 둘러보던 저는 부엌 창문 쪽에서 몸을 밖으로 내민 주원이를 발견했습니다. 아이의 손에 들린 것은 접시며, 그릇이며 부엌에 있던 물건들이 하나씩 창밖으로 떨어지고 있었습니다.

그 장면을 보는 순간 머릿속이 하얘졌습니다.

'이게 도대체 무슨 상황이지?' 주원이가 왜 그러는지 정확히는 알 수 없었지만, 아마 접시가 떨어지는 장면을 보고 싶어서 조용히 그런 행동을 한 것 같았습니다. 놀란 마음에 소리를 지르듯 아이를 다그쳤습니다. "우주원! 도대체 어떻게 거기 올라간 거야? 무슨 짓을 한 거냐고?"

그런데 곧 저는 멈춰 섰습니다. **그 자리에서 한 걸음도 쉽게 내디딜 수 없었습니다.** '지금 내가 다가가는 순간, 놀란 주원이가 움직이다가 창밖으로 떨어지면 어쩌지?' 온몸이 얼어붙었습니다. 저는 조심스럽게 한 걸음씩 다가가 손을 내밀어 아이를 창문 안으로 천천히 끌어당겼습니다. 그 작은 몸을 품에 안는 순간, 심장이 요동치며 살아 있다는 감사가 밀려왔습니다. 그제야 비로소 안도의 한숨을 쉴 수 있었습니다.

하지만 진짜 문제는 그 다음이었습니다. 급히 아래층으로 내려가 떨어진 물건들을 수습했습니다. 그동안 많은 주민들이 저를 쳐다보며 수군거렸고, 몇몇 분은 14층 우리 집까지 따라 올라와 주원이를 직접 확인하려 하셨습니다. 그들의 시선은 마치 동물원 우리 안의 동물을 바라보듯 신기함과 지나친 호기심으로 가득 차 있었습니다. 그리고 그 와중에 들려온 말들.

"다음에 또 이런 일이 생기면 경찰에 신고하겠습니다."

그 말은 제 마음을 산산이 무너뜨렸습니다. '제가 아이를 좀 더 잘 돌보고, 조금 더 잘 지켰더라면 이런 일은 없었을 텐데…' 자신을 향한 원망과 자책이 밀려왔습니다. 그날 이후 제 머릿속을 가장 많이 맴돈 생각은 단 하나였습니다. '만약 그때 주원이가 창밖으로 떨어졌다면… 나는 정말 살아갈 수 없었을 것이다.' 그 끔찍한 상상이 머릿속을 맴돌며 숨이 막히고 가슴이 조여 왔습니다. 그날의 공포가 떠오를 때면, 제 몸은 다시금 떨렸고, 마음은 무너져 내렸습니다. 저는 매일 이 말을 되뇌었습니다.

"이것도 지나가리라."

주원이를 지키기 위해 더 노력하자고 스스로 다독이면서도, 한편으로는 그날의 두려움과 극복되지 않는 죄책감 속에서 제 자신과 싸워야 했습니다. 그리고 또다시 속으로 되뇌었습니다. "이것도 지나가리라."

그 말은 단순한 위로가 아니라 절망 속에서도 붙잡을 수 있는 희망이었습니다. 지금도 부엌 창문을 볼 때면 그날의 장면이 생생히 떠오릅니다. 여전히 가슴 한편이 무겁지만, 그 무서웠던 경험 덕분에 저는 더 철저히, 더 단단히 아이를 돌보자고 다짐하게 되었습니다. 때로는 눈물로 배운 다짐이 가장 오래갑니다. 그날 이후 저는 매일을, 새로운 시작처럼 살아가려 합니다.

아이를 키운다는 일은 결코 쉬운 일이 아닙니다. **그러나 저는 믿습니다. 오늘을 버티는 힘이 결국 평생을 살아가는 힘으로 이어진다는 것을.** 오늘의 고비를 넘긴 제가 내일은 더 단단해진 '주원이 엄마'로 서 있을 거라는 것을요. 그리고 우리 주원이가 함께 걸어갈 내일은 분명히 더 단단하고 따뜻해질 것입니다.

> "어머니가 된다는 것은, 매일매일 다시 시작하는 법을 배우는 것이다."
>
> — 리처드 엑스

[3화]

차가운 계모에서 진짜 엄마가 되기까지
엄마라는 이름이 되기까지

❖❈❖

저는 어릴 적부터 아이들을 참 좋아했습니다. 아이들의 해맑은 미소, 조그마한 손, 순수한 눈빛은 늘 제 마음을 따뜻하게 해주었습니다. 일을 하다 아이를 마주치면 잠시 멈춰 이야기를 나누고 작은 손을 꼭 잡아보는 것만으로도 큰 기쁨이었습니다. 그건 단순히 귀여워서가 아니었습니다. 아이들이 가진 순수함과 밝은 에너지가 제 마음을 맑게 해주었기 때문입니다.

그래서 저는 아이들을 더 잘 이해하고 잘 가르치고 싶어 대학에서 아동학을 전공했습니다. 실습 중에는 책을 읽어주거나 함께 놀이하며 아이들의 호기심 어린 눈빛을 마주했습니다.

"선생님, 너무 재미있어요!"

웃으며 말하는 아이들의 모습은 저에게 크나큰 보람이었습니다. 친구들과 지인들도 제가 아이들을 잘 돌본다고 칭찬해 주었고, 조카들을 보기 위해 충남 당진이나 경기 광주 곤지암까지 달려간 적도 많았습니다. 그때 저는 확신했습니다. '내 아이가 태어나면 누구보다 잘 키우고 사랑할 자신이 있다.'

하지만 그런 확신은 주원이를 품에 안은 순간부터 흔들리기 시작했습니다.

주원이가 태어났던 그날, 오랫동안 기다려온 그 아이를 품었지만 마음 한구석이 공허했습니다. 주원이는 구순열이라는 장애를 가지고 태어났고 설렘보다는 당혹스러움이 먼저 찾아왔습니다. 물론 아이를 사랑하지 않았던 것은 아닙니다. 사랑스러운 내 아이를 바라보며, 기쁨과 슬픔이 한순간에 교차했습니다. 세상에서 가장 사랑스러운 아이였지만, 장애를 마주한 엄마의 마음은 기쁨과 두려움 사이에서 끝없이 흔들렸습니다. 그 사실이 제 마음을 더 복잡하게 만들었습니다.

주원이는 제가 지금껏 만나온 아이들과는 달랐습니다. 제가 예상하고 꿈꿔온 육아의 모습과는 너무도 달랐습니다. 저는 아이와 학교 공부며 친구들과의 사소한 이야기도 나누고, 학교 들어가기 전 아이를 가르치기 위해 스스로도 공부할 생각이었습니다. 도서관에 가고 함께 책을 읽으며, 평범한 아이들이 누리는 일상을 함께하고 싶었습니다.

그러나 아이를 따뜻하게 안아주고 사랑을 표현해야 할 순간에도 저는 어색하고 차가운 엄마였습니다. 아이의 감정을 공감하기보다, 넘어지면 "남자니까 울지 마."라며 다그쳤습니다. 사랑할수록 두려웠고, 그 두려움이 저를 굳게 만들었습니다. 완벽한 엄마가 되지 못할까 봐 스스로를 몰아붙였던 건, 결국 사랑을 잘하고 싶었기 때문이었습니다.

"괜찮아, 엄마가 도와줄게." 그 말 한마디가 저에겐 너무 어려운 말이었습니다.

시간이 흐르면서 저의 차가운 말투와 태도를 본 주변 사람들은 하나둘씩 걱정의 말을 전했습니다.

"너, 주원이에게 너무 심하게 굴어. 마치 계모 같아 보여."

그 말은 친정엄마, 친구들, 심지어 활동지원사 선생님에게도 들었습니다. 그때 저는 생각했습니다.

'정말 나는 나쁜 엄마일까?'

'아직도 아이를 온전히 받아들이지 못한 걸까?'

오랜 시간 고민하고 자신을 돌아본 끝에 저는 하나씩 깨달았습니다. 주원이를 사랑하지 않았던 것이 아니라, 현실과 기대가 충돌하며 그 사랑이 겉으로 드러나지 못했던 것이었습니다. 남의 아이를 돌볼 때처럼 여유롭지 못했던 이유는 내 아이기에 더 큰 책임감이 있었고, 그 책임감이 두려움과 혼란으로 변해버렸던 것이었습니다.

하지만 이제는 알게 되었습니다. 주원이는 저에게 정말 특별한 존재입니다. 저는 주원이의 엄마이고 아이와 함께하는 모든 순간은 저를 성장시키는 시간입니다. 비록 제가 보여준 사랑은 서툴렀지만 이제는 그 부족함을 채워가며 노력하고 있습니다. 늦었지만 주원이와 함께 웃고, 함께 넘어지고, 함께 일어나는 엄마가 되고 싶습니다.

아이를 잘 키우고 싶다는 욕심보다 더 중요한 것은 아이를 있는 그대로 사랑하는 법을 배우는 것임을 저는 이제야 깨달았습니다. 그래서 지금 거울을 보며 주원이를 향한 따뜻한 말을 연습하고, 장애 아동 관련 자료와 영상을 찾아보며 조금씩 배워가고 있습니다. 부모 교육 프로그램에도 참여하고, 심리 상담을 받으며 왜 제가 아이에게 차갑게 굴었는지 그 원인을 하나씩 들여다보았습니다.

엄마도 연습이 필요하다는 걸 저는 주원이를 통해 처음 알았습니다. 엄마라고 해서 처음부터 완벽할 수는 없는 사람이니까요. 제가 서툴고 부족하다는 사실을 인정하는 것, 그것이 제 새로운 출발점이 되었습니다.

이제는 두 번 다시 '계모 같다.'는 말을 듣지 않겠습니다. 주원이가 제 서툰 사랑 때문에 사랑받지 못한다고 느끼지 않도록 저는 더 많이 말하고, 더 많이 안아주고, 더 많이 품어줄 것입니다. 주원이를 키우는 이 여정은 저를 끊임없이 돌아보게 하고 결국은 저를 더 좋은 사람으로, 더 나은 엄마로 만들어 줍니다.

이제는 '좋은 엄마'보다 '진짜 엄마'가 되고 싶습니다. 완벽하진 않아도 진심으로 아이를 사랑하는 엄마, 그걸로 충분하니까요. 주원이가 저에게 준 사랑의 깊이를 배워가며 저는 오늘도 조금씩 진짜 엄마가 되어가고 있습니다.

"부모란, 아이에게 사랑을 주는 사람이 아니라 아이로부터 사랑을 배우는 사람입니다."

– 프레드 로저스

[4화]

내가 너보다 하루 더 살아야 하는 이유

나의 마지막 소원

❖

어느 날 문득, 제가 갑자기 세상을 떠나게 된다면 우리 주원이는 혼자 어떻게 살아갈 수 있을까 하는 생각이 들었습니다. 아이를 낳기 전까지는 상상조차 하지 못한 두려움이었습니다. 주원이가 장애를 갖게 되리라고는 꿈에도 생각지 못했기 때문입니다.

하지만 현실은 늘 저를 지치게 했습니다. 사람들의 불편한 시선, 또래 아이들의 따돌림, 낯선 학교생활, 혼자 해결하지 못하는 일들, 그리고 부족한 인지 능력까지. 이제 12살이 된 지금도 주원이는 대변을 스스로 처리하지 못하고 지시를 이해하지 못하는 경우가 많습니다. 기다려야 할 상황에서도 앞뒤 가리지 않고 자신이 원하는 대로 행동하려 하고, 옷을 입고 벗는 것, 양말 신는 것, 씻는 것조차도 혼자 해내기 어렵습니다.

음식을 제대로 먹지 못하고, 친구들과 어울릴 줄 몰라 도움을 청하는 아이. 그런 주원이를 바라볼 때마다 엄마로서 마음이 무너집니다. 저는 어른이고 엄마이기에 세상이 얼마나 거칠고 복잡한지 잘 알고 있습니다. 그런 세상 속에서 우리 주원이가 혼자 살아갈 수 있을까 생각하면 불안과 두려움이 몰려옵니다.

제가 없는 세상에서 홀로 남겨질 주원이를 생각하면, 그 모습이 머릿속에서 영상처럼 생생하게 그려집니다. 우리나라의 시스템은 장애인이 일상 속에서 도움이 필요해도 여전히 많은 부분에서 부족합니다. 결국 그 부담은 가족에게 돌아옵니다. 특히 저처럼 혼자 아이를 키우는 부모에겐 그 무게는 더더욱 무겁습니다. 그래서 많은 장애아 부모들은 외칩니다.

"국가가 함께 책임져 달라. 누구도 밀쳐내지 않는 세상을 만들어 달라."

하지만 그 목소리는 늘 높은 벽 앞에 가로막혀 있는 듯합니다. 그래서 저는 항상 같은 기도를 드립니다.

"주원이를 고쳐 달라는 말이 아닙니다. 그저 남들과 어울려 살아갈 수 있게 해주세요. 그게 어렵다면 차라리 지금이라도 제 품 안에서 아이를 데려가 주세요. 이 잔인한 세상에 혼자 남겨질 아이를 생각하면 마음이 너무 아픕니다. 제가 잘못된 기도를 드리는 거라면 차라리 저를 먼저 데려가 주세요. 그래도 가능하다면 아이보다 단 하루만 더 살게 해주세요. 아이를 제 품에 안고 떠나보낼 수 있게 해주세요. 그것만이

제 유일한 바람입니다."

어느 날 이런 제 기도를 이정희 선생님께 말씀드리며 눈물을 흘린 적이 있습니다. 선생님은 말씀하셨습니다.

"아이를 데려가 달라고 기도하는 건 아닌 것 같아요. 주원이는 분명 좋아질 거예요. 우리 어른들이 함께 노력해 봐요." 그 말에 위로받으면서도, 저는 또 스스로를 탓하곤 했습니다. 주원이는 자신의 의지와 상관없이 이렇게 태어난 것이니까요. '내가 아이를 더 건강하게 낳았더라면, 아니 애초에 아이를 낳지 않았더라면 이런 일은 없었을까…' 하는 생각으로 스스로를 괴롭혔습니다.

하지만 이제는 현실을 마주해야 합니다. 범죄 프로그램에서 비장애인이 장애인을 이용해 착취하거나 괴롭히는 사건을 볼 때마다 지금 이 순간에도 그런 일이 벌어지고 있을 거란 생각에 두렵고 혼란스럽습니다. 장애아를 키우는 부모는 신체적으로는 멀쩡할지 몰라도 정신적으로는 늘 긴장과 불안 속에서 살아갑니다. 일상 속에서의 차별과 고립감이 우리 삶을 조금씩 갉아먹는 것 같습니다.

얼마 전에는 지적장애를 동반한 자폐성 장애인의 평균 수명이 약 39세에 불과하다는 기사를 접했습니다. 일반인보다 약 30년 가까이 짧으며, 주요 사망 원인 중 하나가 '자살'이라는 사실에 말문이 막혔습니다.

예전, 아이의 장애를 알기 전 점쟁이가 "단명할 수도 있다."고 말했을 때는 그저 흘려들었습니다. 하지만 지금은 그 말이 자꾸만 떠올라 가슴이 철렁할 때가 있습니다.

그 기억이 떠오를 때마다 저는 또 엄마로서 말도 안 되는 상상을 하게 됩니다. 하지만 저는 특별한 걸 바라지 않습니다. 부자가 되고 싶지도 않고, 오래오래 살고 싶은 마음도 없습니다. ==그저 하나, 주원이보다 단 하루만 더 살고 싶습니다.== 그래서 이 아이를 제 품에 안고 편히 보내줄 수 있기를 바랍니다. 아마도 이것은 장애아를 키우는 부모라면 누구나 한 번쯤 품어봤을 진심이 아닐까 싶습니다. ==그래서 저는 오늘도 기도합니다.==
"==단 하루라도, 더 살고 싶습니다.=="

> "부모는 아이의 하루를 걱정하지만, 장애아 부모는 아이의 평생을 걱정합니다."
> — 장애아동 부모 연대 모임 발언 중

[5화]

나를 지키는 것이 곧 너를 지키는 일
건강은, 우리 아이를 지키는 울타리입니다

건강검진센터에서 근무하며 정기적으로 검진을 받아왔기에, 저는 스스로 건강에 대해 큰 걱정은 하지 않았습니다. 하지만 비장동맥류가 발견된 이후부터는, 검진 결과지를 받는 날이면 어김없이 불안한 마음이 앞섰습니다. 이번 건강검진도 마찬가지였습니다.

MRI와 머리 CT를 함께 찍자는 의사 선생님의 말씀에 가슴이 철렁 내려앉았습니다. 안압을 세 차례나 측정한 끝에 '녹내장 의심' 소견도 들었고, 자궁과 난소, 갑상선에서도 이상 소견이 나왔습니다. 이제는 제 몸이 서서히 무너지고 있다는 사실을 인정할 수밖에 없었습니다. 그 순간 문득 이런 생각이 들었습니다.

"하나님, 저는 아픈 아이를 키우는 사람입니다. 저에게 건강한 몸 하나 주셔야 하는 거 아닙니까?"

한때는 병원에서 근무한다는 사실이 저를 안심시키기도 했습니다. 늘 건강한 사람들을 검사하고 돌보는 일을 하다 보니, 정작 저는 늘 '괜찮을 거야.' 하며 제 몸을 뒤로 미뤄두었습니다. 그러나 이번엔 달랐습니다. 하얀 검진복을 입고 MRI 대기실에 앉아 있던 그날, 낯선 공포가 제 몸을 감쌌습니다. '만약 내가 쓰러지면, 주원이는 어떻게 하지?' 눈앞이 아득해졌습니다. 그 순간, 제 존재의 이유가 명확해졌습니다. 아이 곁에 머물기 위해, 저는 반드시 버텨야 했습니다.

아무에게도 쉽게 털어놓을 수 없는 이 불안과 두려움은, 아이보다 하루라도 더 오래 살아야 한다는 간절한 마음으로 이어졌습니다. 장애가 있는 아이를 키우는 부모라면 누구나 한 번쯤 이 질문 앞에서 멈춰 섰을 것입니다. "내가 없다면, 이 아이는 어떻게 살아갈까?"

어느 날, SNS에서 접한 한 뉴스가 마음을 무겁게 만들었습니다. 36개월 된 자폐 아이를 먼저 떠나보내고, 결국 스스로 생을 마감한 엄마의 이야기. 그 아래 달린 댓글은 한동안 숨을 멎게 했습니다.

"이래서 안락사가 필요하다."

"장애인 지원금도 나오는데 왜 저러나?"

"살려면 죽을힘으로 살아야지."

차마 믿기 힘든 말들이었습니다. 장애아를 키운다는 건 단순한 '경제적 지원'으로 해결될 문제가 아닙니다. 복지 혜택이 있다는 말은 맞지만, 그 혜택을 실질적으로 체감하기란 쉽지 않습니다. 활동지원사를 구하기조차 어렵고, 특히 남자아이인 주원이를 맡길 수 있는 적절한 지원 인력은 거의 없습니다. 하루 24시간, 365일 내내 아이 곁을 지켜야 하는 현실 속에서 부모는 단 한 순간도 마음을 놓을 수 없습니다. 무엇보다 육체적 피로와 정신적 소진은 수치로 환산할 수 없는 고통이지요.

하지만 저는 깨달았습니다. 건강은 단순히 제 개인의 문제가 아니라, 우리 아이의 삶과 직결된 문제라는 것을요. 엄마가 무너지면 주원이를 지켜줄 사람은 없습니다. 제가 병원에 입원했던 짧은 며칠 동안 아이가 매일 "엄마 언제 와?"라고 말하며 불안해한다는 이야기를 듣고, 마음이 무너졌습니다. **그때 알았습니다. 제가 무너지면 아이의 세상도 함께 무너진다는 것을요.** 그러니 제 건강은 곧 아이의 행복이자, 아이가 세상을 배우는 첫걸음이었습니다.

그래서 저는 다짐합니다. 건강이 무너질 때마다, 마음이 주저앉을 때마다 스스로에게 말합니다.

"저는 주원이를 위해, 그리고 저 자신을 위해 건강할 것입니다."

오늘을 잘 살아내는 것이 아이의 내일을 지키는 가장 확실한 방법임을 이제는 압니다. 오늘도 제 심장은 아이의 내일을 위해 뛸 것입니다. 봄이 오면 아이와 손을 잡고 산책하며, 피어나는 꽃을 함께 바라볼 수 있기를 바랍니다. 작은 일상에서 웃을 수 있는 순간이 쌓이기를 바랍니다. 우리는 서로에게 단 하나뿐인 존재이기에, 저는 오늘도 저의 건강을 지키기 위해 노력할 것입니다.

주원이가 언제나 세상 속으로 홀로 걸어 나갈 때, 저는 그 길 끝에서 여전히 환하게 웃으며 서 있고 싶습니다. '괜찮아, 다 잘될 거야.'라고 말해 줄 수 있는 단 한 사람. 그 사람이 제가 되기를 바랍니다.

저처럼 장애 아이를 키우는 부모님들도, 그리고 이 글을 읽는 모든 분도, 부디 아프지 마시고, 건강하시기를 간절히 바랍니다.

> "건강은 모든 자유의 기초이며, 우리가 사랑을 나눌 수 있는 가장 긴 시간의 약속이다."
> – 필립 체스터필드

[6화]

메니에르병, 삶의 균형을 흔들다
빙글빙글 도는 하루, 붙잡은 손 하나

✦※✦

　메니에르병. 귀가 먹먹해지고, 사방이 울리는 소리와 함께 세상이 빙글빙글 도는 병입니다. 처음에는 그저 지나가는 피로감이겠거니 했습니다. 잠을 못 자서 그런가, 감기 때문은 아닐까 싶었습니다. 그렇게 가볍게 넘긴 증상은 점점 더 깊어졌고, 어느 날 저는 제 몸이 망가지고 있다는 사실을 깨달았습니다. 이명은 점점 더 심해졌고, 균형감각은 무너졌습니다. 귀 안에서 엔진이 도는 듯한 윙윙거림은 일상을 불안으로 물들였습니다. 증상이 심했던 어느 날은 회사에서 걷지도 못할 정도로 어지럼이 밀려왔습니다. 결국 엄마 아빠가 급히 회사로 저를 데리러 오셔서 병원으로 실려 간 적도 있었습니다. 아이와 눈을 맞추고 싶어도 소리와 귀가 양쪽 다 먹먹해서 대화가 멀어졌고, 저조차도 제가 아닌 사람이 되어가는 것만 같았습니다. 단지 몸이 아픈 게 아니었습니다. 제가 하고 있던 필사모임, 책을 읽고 좋은 문장을 나누던 시간들까지도 중단해야 했습니다. 머릿속이 빙빙 도는 하루 속에서 저는 점점 '엄마'가 아닌 '환자'로만 존재하는 기분이었습니다.

이번 일을 통해 저는 일상의 감사함을 되찾았습니다. 좋아하는 음악을 들을 수 있다는 것, 메니에르병 때문에 못 마시던 커피도 마셨다는 것, 걸을 수 있다는 것, 함께 웃을 수 있다는 것. 모두가 기적이었음을 저는 늦게야 깨달았습니다. 저는 몰랐습니다. 아픔이 이렇게 삶 전체를 뒤흔들 수 있다는 것을요. 그리고 그 무너짐 앞에서 저는 너무 무방비했습니다. **무엇보다 두려웠던 건 "제가 쓰러지면 주원이는 어떻게 하나요?"라는 질문이었습니다.** 그 질문 하나가 제 모든 통증을 압도했습니다. 저는 아이의 전부이자 세상입니다. 아파도 엄마의 역할을 멈출 수 없습니다. 세상이 빙글빙글 돌아도, 저의 중심은 늘 아이였습니다. 귀 안이 울리고 세상이 휘청이던 어느 날, 소파에 몸을 기댄 채 조용히 눈을 감고 있었을 때, 아이가 작은 손으로 제 무릎을 툭툭 두드렸습니다.

"엄마, 어디 아파요?"

"귀가 아파요?"

"엄마, 왜 울어요?"

그 말에 저는 아무 대답도 할 수 없었습니다. 입꼬리를 억지로 올려 보았지만, 눈물이 먼저 흘러내렸습니다. 작은 얼굴엔 걱정이 가득했고, 저는 그 앞에서 다시 일어섰습니다. 저는 걱정 가득한 아이를 안아주었습니다. 그리고 무너지려던 마음을 붙잡았습니다. 육체적인 고통보다 더 무서운 것은, 엄마로서 감당해야 할 책임감이었습니다. 아이 앞에서 무너질 수 없다는 생각이 매번 저를 다시 일으켜 세웠습니다. '지금 쓰러지면 안돼. 아이가 무너진 엄마의 얼굴을 기억하게 만들 순 없어.' 그 생각만으로 버텼습니다.

그러던 어느 날, 소리 하나 없이 흐르는 정적 속에서 저는 아이의 목소리를 떠올렸습니다. '엄마' 하고 부르는 그 말, 조용히 다가오는 발소리, 함께 웃던 소소한 순간들. 그 모든 것들이 새삼 눈부시게 떠올랐습니다. 예전엔 당연하게 지나쳤던 일상이, 지금은 그저 살아 있음에 감사할 수 있게 만드는 기적이라는 걸 알게 되었습니다.

메니에르병 때문에 저주파와 고주파의 청력 수치가 떨어져 사람들과 말할 때 멍한 느낌이 들었습니다. 잘 안 들려 자세히 들어야 하고 안 들리면 재차 물어봐야 했습니다. 귀에서 소리가 윙윙거리니 사소한 것에도 너무 예민하게 반응했습니다.

그리고 이 질환이 완치가 안 된다는 사실과 또 재발할 수 있다는 말에 심리적으로 더 힘들었습니다. 사실 저는 이미 아이를 키우며 겪은 극심한 스트레스와 시댁과의 갈등 속에서 비장동맥류라는 병을 먼저 겪은 적이 있습니다. 그때도 간절히 바랐습니다. 더는 아프지 않기를요.

하지만 이번엔 메니에르 질환이 저를 찾아왔습니다. 이제는 두렵습니다. 다음엔 또 어떤 병이 나를 덮칠까? 내 몸이 점점 무너져 내리는 건 아닐까? 그리고 만에 하나, 제가 먼저 떠난다면 우리 아이는 어떻게 될까요? 언제나 제 소원은 단 하나입니다. 아이보다 하루만 더 사는 것. 그것만 가능하다면 어떤 아픔도 견뎌낼 수 있습니다.

제가 이렇게 잠시 불편해도 견디기 힘든데, 우리 아이는 매일 그렇게 살아갑니다. 불편함을 말로 표현하지도 못하면서, 자신의 감각과 싸우며 견뎌내는 아이. 저는 이제서야 비로소 아이가 견디는 하루가 얼마나 고된 지 조금은 알게 되었습니다. 제가 몸으로 겪어보니 비로소 보였습니다. 장애가 있는 아이들, 아픈 몸을 가진 모든 아이들. 그들의 불편함과 외로움이 얼마나 크고 깊은지요.

그동안 제가 몰랐던 것이 부끄럽고 미안했습니다. 꼭 겪어보지 않더라도, 이해하려고 애썼어야 했습니다. 저는 너무 어리석었습니다. 이 병은 완치가 아니라고 했습니다. '호전'이라는 말만 들었습니다. 나아졌다 가도 다시 찾아올 수 있는 병. 조금만 무리하거나 잠을 설치고, 스트레스를 받거나 식이 조절이 안 되면 예고 없이 다시 저를 무너뜨릴 수 있는 병. 그 생각만으로도 마음이 불안했습니다. 작은 소리에도 짜증이 나고, 조금만 어지러워도 감정이 흔들려 오늘의 제가 어제의 저와 다릅니다. 그리고 그 감정이 아이에게로 번질까 늘 조심스럽습니다.

며칠 전 패드를 보며 소리를 크게 틀어놓던 아이에게 저는 어느 날 조심스레 말을 건넸습니다.

"엄마 귀가 아파서, 소리가 너무 크면 엄마가 힘들어. 그러니까 조금만 줄여 줄래?"

그러자 아이는 이내 소리를 줄이며 말했습니다.

"엄마, 봐 봐요. 줄일게요. 그러니 아프지 마요. 주원이 잘했어요? 줄이면 엄마 안 아파요?"

그 말에 저는 또 한 번 울컥했습니다. 중간중간 소리를 키우다가도 제 눈치를 살피며 다시 줄여주는 아이의 모습에 저는 말없이 고개를 끄덕였습니다. 엄마가 성숙해지는 만큼, 너도 조금씩 자라고 있구나. 우리는 아픔 속에서도 서로를 배려하는 방법을 배우고 있었습니다. 이토록 작지만 따뜻한 변화가 다시 하루를 견딜 힘이 되었습니다. 저는 약속했습니다. 조금만 더 나아지면, 엄마도 예민하게 굴지 않을게. 너처럼, 나도 조금씩 더 나아지고 싶으니까. 저는 이제 압니다. 지켜야 할 아이가 있기에, 무엇보다 먼저 제 자신을 지켜야 한다는 것을. 아이의 내일을 위해, 오늘의 저를 돌보는 일이 곧 사랑임을 알게 되었습니다. 돈도, 명예도, 세상의 어떤 가치도 건강한 엄마를 대신할 수는 없습니다.

아이 곁에 오래 머무는 것, 그것이 제가 할 수 있는 최선이자 가장 큰 바람입니다. 삶에서 가장 중요한 건 누구보다 강한 내가 아니라, 조금 더 건강하게 오래 곁에 있어 줄 수 있는 나라는 것을. 그래서 저는 오늘도 다짐합니다. 들을 수 있다는 것, 말할 수 있다는 것, 함께 웃을 수 있다는 것이 얼마나 소중한 기억인지를.

> "자신을 돌보는 것은 이기심이 아니라, 다른 사람을 돌보기 위한 전제 조건이다."
> ― 오드리 로드

[7화]

숨조차 멎었던 그날의 공포
약 부작용, 돌처럼 경직되어 버린 너

❖

퇴근 후 아이와 활동지원사 선생님과 함께 정신과 진료를 받으러 갔습니다. 원내 약국은 이미 문을 닫았고, 바로 앞에 있는 원외 약국에서 약을 타려고 걸음을 옮겼습니다. 그런데 주원이가 오지 않았습니다. 뒤를 돌아보니 활동지원사 선생님이 당황한 얼굴로 주원이를 바라보고 있었습니다. "주원아, 왜 그래?" 선생님이 다급하게 물었지만, 아이는 대답하지 않았습니다. 대신 그대로 서서 몸을 가누지 못하며 "아악!" 하는 날카로운 비명을 질렀습니다. 저는 순간 멈칫했습니다. 주원이는 원래 감정을 잘 표현하지 않는 아이라서, 처음에는 단순히 칭얼대는 줄 알았습니다. "뭐 하는 거야, 주원아?" 저는 대수롭지 않게 말하며 다가갔지만, 곧 뭔가 이상하다는 걸 느꼈습니다. 주원이는 바닥에 엎드린 채 몸을 웅크리고 있었고, 온몸이 경직된 것처럼 굳어 있었습니다. 활동지원사 선생님도 걱정스러운 표정으로 아이를 살폈습니다. "주원아,

어디 아파?" 하지만 아이는 아무 말도 하지 않고 앓는 소리만 냈습니다.

저는 급히 아이를 안고 약국으로 데려갔습니다. 그런데 약국 안에서도 주원이는 계속 이상한 모습을 보였습니다. **아이를 품에 안았는데, 몸이 점점 뻣뻣하게 굳어갔고, 손을 잡아보니 근육이 단단하게 경직돼 있었습니다.** 몸이 떨리고 있었고, 단순한 겁 때문이 아니었습니다. 그제야 저는 무언가 심각하게 잘못됐다는 걸 깨달았습니다. "주원아, 괜찮아? 왜 그래?" 다급하게 아이를 흔들었고, 눈물이 왈칵 쏟아졌습니다. 옆에 있던 활동지원사 선생님이 주원이의 등을 부드럽게 주무르며 다독였습니다. "괜찮아, 주원아. 괜찮아." 하지만 주원이는 여전히 경직된 몸으로 떨고 있었습니다. 저는 곧바로 정신과로 다시 뛰어갔습니다. 마침, 진료를 봐주셨던 의사 선생님과 간호사 선생님이 나오고 있었습니다.

"선생님, 주원이가 이상해요!" 저는 거의 울먹이며 말했습니다. 선생님은 한눈에 상황을 파악하고, 응급실로 가야 한다고 했습니다. 정신과 선생님은 아이의 처방전을 들고 응급실 당직 의사를 찾아가 상황을 설명해 주셨습니다. 간호사들도 아이의 상태를 체크하며 분주히 움직였습니다. 선생님은 곧 퇴근 시간이었지만 끝까지 아이를 살폈습니다. 저는 응급실 침대에 누운 주원이를 바라보았습니다. 숨이 가빠 보였고 얼굴에는 여전히 힘이 들어가 있었습니다. 그 모습이 너무나 낯설고 무서웠습니다. 만약 아이가 이대로 더 나빠진다면? 그 생각이 스치자, 가슴이 철렁 내려앉았습니다. 저는 주원이를 꼭 안으며 속삭였습니다.

"괜찮아, 주원아. 엄마가 옆에 있어."

그때, 이정희 선생님이 다가와 아이를 조용히 안아 주었습니다.

"주원 엄마, 마침 내가 있을 때 이런 일이 생겨서 다행이에요. 같이 오길 잘했어요. 주원이는 곧 나아질 거예요. 저도 너무 놀랐어요." 그 한마디에 저는 간신히 숨을 내쉬었습니다.

며칠이 지나면서 조금씩 안정을 되찾아 갔습니다. 아이도 평소처럼 행동했고, 저도 이제야 마음을 놓을 수 있을 것 같았습니다. 그러나 제 불안은 또다시 찾아왔습니다.

그날 밤, 주원이를 씻기고 방으로 데리고 나오던 순간, 아이가 저를 바라보며 힘없는 목소리로 말했습니다. "엄마… 나 이상해." 그 말이 끝나기가 무섭게, 주원이는 다시 온몸이 굳어버렸습니다. 눈이 커지더니 그대로 몸이 경직되었습니다. 손끝조차 움직이지 못하는 아이를 보며 저는 숨이 멎는 것 같았습니다. "주원아…!" 저는 다급하게 아이를 붙잡았고, 아무리 흔들어도 대답이 없었습니다. 아이는 온몸이 돌처럼 굳어버렸습니다. 저는 혼자서 어떻게 해야 할지 몰랐습니다. 저는 손이 덜덜 떨렸습니다. 숨을 제대로 쉴 수도 없었습니다. 어떡하지? 병원에 가야 하나? 응급실에 다시 가야 하나? 하지만 머릿속이 새하얘져 아무런 판단도 서지 않았습니다. 그 순간 떠오른 사람은 활동지원사 선생님이었습니다. 저는 손을 떨며 선생님께 전화를 걸었습니다. "선생님… 주원이가 또 그래요. 제발, 빨리 와주세요…."

제 목소리는 이미 눈물에 젖어 있었습니다. 선생님이 도착하기까지의 몇 분이 마치 몇 시간처럼 느껴졌습니다. 저는 주원이를 품에 안고 울면서 속으로 간절히 기도했습니다.

"하나님, 제발 주원이를 돌봐 주세요. 제발, 아이가 괜찮아지게 해 주세요. 제가 대신 아플 테니까, 제발 우리 아이를 살려주세요."

얼마 지나지 않아, 선생님이 문을 열고 들어왔습니다. 아이를 조심스럽게 안아주며 상태를 살폈습니다. 곧바로 여러 응급실에 전화를 걸었지만, 돌아온 대답은 같았습니다.

"의사 파업으로 진료가 어렵습니다."

어느 병원도 받아줄 수 없다고 했습니다. 선생님의 얼굴이 굳어졌고, 분노를 참지 못하고 한숨을 내쉬었습니다.

"아이가 이렇게 힘들어하는데도 병원에서 진료를 못 받는다는 게 말이 돼요?"

저는 아무 말도 할 수 없었습니다. 그때 친정 부모님이 급히 저희 집에 오셨습니다. 어머니는 떨리는 손으로 주원이를 쓰다듬으며 눈물을 참으려 애썼습니다. 아버지는 아무 말 없이 아이를 바라보다가 결국 눈물을 보이셨습니다. "왜 우리 아이일까?", "왜 이렇게 모든 게 힘들까?" 저는 끝없는 질문을 되뇌었습니다. 차라리 제가 아팠으면 좋겠다고 생각했습니다.

'차라리 내 몸이 아프고, 주원이가 건강했으면. 차라리 내가 대신 아팠으면.'

그렇게 또 하루가 지나갔습니다. 그리고 저는 불안에 떨며 다음 날을 맞이했습니다. "또 이런 일이 생기면 어떡하지?" 며칠 뒤에서야 알았습니다. 주원이의 몸은 돌처럼 굳게 만든 건 새로 복용한 약 부작용이었습니다. 그 사실을 알고 나서도, 그날의 공포는 제 마음을 놓아주지 않았습니다. 그 두려움 속에서, 저는 하루하루를 조심스럽게 지금도 살아가고 있습니다.

> "부모의 마음은 자식의 고통 앞에서 한없이 무력해지지만, 그 고통을 대신할 수 있다면 기꺼이 그렇게 하리라."
>   – 헨리 워드 비처

[8화]

주고받은 온기, 너의 세상이 되다
서로가 주고받은 따뜻한 마음이 너의 세상을 만들다

❖❖❖

부모라면 누구나 아이를 잘 키우고 싶은 마음을 가지고 있을 것입니다. 아픈 아이든 건강한 아이든, 세상에 나아갈 모든 아이들이 행복하고 즐겁게 살아가길 바라는 것이 바로 부모의 진심일 것입니다. 특히 자폐 아이를 키우는 부모라면 더욱 간절합니다. 아이가 세상에 상처받지 않고, 긍정적인 에너지를 주고받으며 살아가길 바라는 마음은 누구보다 절실합니다.

우리는 눈에 보이지 않는 기운을 서로 주고받으며 살아갑니다. 따뜻한 말 한마디, 다정한 시선, 배려하는 태도 이 모든 것들이 결국 우리 아이가 살아갈 세상의 밑바탕이 됩니다. 저는 그 위에서 우리 아이가 따뜻한 기운을 느끼며 자라나기를 간절히 바랍니다.

하지만 현실은 언제나 기대처럼 따뜻하지는 않습니다. 아이는 스스로 남들과 다름을 느끼며 그 차이로 상처받기도 하고, 때로는 세상과 등을 돌린 채 혼자를 택하려 하기도 합니다. 그럴 때마다 저는 저에게 묻습니다. '그럼에도 불구하고' 아이에게 이 세상을 살아갈 용기와 희망을 어떻게 전할 수 있을까? 힘든 순간이 있어도 세상은 여전히 나아갈 가치가 있다고 어떻게 가르쳐 줄 수 있을까? 저희 가족은 서로 다른 성향을 가지고 있습니다. 특히 친정어머니께서는 낯선 사람과의 사회적 상호작용이 익숙하지 않으십니다. 그럼에도 주원이의 돌봄 선생님께는 정중하게 인사를 건네고, 작은 부분까지도 신경 써 주십니다. 저는 그런 어머니의 마음이 참 고맙고 감사하게 느껴집니다.

그 작은 변화 하나하나가 결국 우리 주원이에게 긍정적인 기운으로 전해질 것이라 믿습니다. 왜냐하면 **말 한마디, 눈빛 하나가 아이의 세상을 만들어가는 기초가 되기 때문입니다.** 가끔은 친정어머니의 무뚝뚝한 말투나 서툰 표현이 아이가 상처받지 않을까 걱정되기도 합니다. 하지만 어머니가 애써 노력하시는 모습에서 그 따뜻함을 아이도 분명히 느끼고 있을 것입니다. 그런 작은 변화들이 모여 결국 아이가 세상을 향해 조금 더 용기 있게 나아가도록 이끌어 줄 것이라 확신합니다.

저의 글쓰기 선생님은 장애가 있는 분들에게도 글을 가르치시는 분입니다. 저는 그분이 우리 아이를 따뜻하게 바라봐 주시길 바라며, 저 또한 좋은 태도로 다가가려 합니다. 이 세상은 결국 우리가 주고받는 에너지로 연결되어 있다고 믿습니다. 우리가 전한 작은 기운은 결국 다시 우리에게 되돌아옵니다. 그 선생님께서도 늘 장애가 있는 이웃에게 따뜻하게 다가가시며 글을 가르치고 봉사해 오셨습니다. 결국 그 길 끝에서 대학교 교수로 초빙되었다는 소식을 들었을 때, 저는 깊이 감동하였습니다. 그분의 삶을 보며 저는 확신하게 되었습니다. 세상은 차갑고 냉정할 수 있지만, 그 안에서 우리가 서로를 위로하고 응원하며 살아갈 수 있다는 사실을 다시 확인했습니다. 그리고 진정한 성공이란 높은 자리에 오르는 것이 아니라, 그 길 위에서 얼마나 많은 사람에게 따뜻한 손길을 내밀었는가에 달려 있다는 것을요.

저는 그런 삶을 살아가고 싶습니다. 더 좋은 말을 쓰고, 더 따뜻한 마음을 품으며, 우리 아이의 세상을 조금이라도 밝히는 데 보탬이 되는 삶을 말입니다. 아이는 부모에게만 사회성을 배우는 것이 아닙니다. 주변 사람들과의 관계 속에서 세상과 소통하는 법을 익히고 자라납니다. 그래서 저는 우리 아이가 사람들과 따뜻한 에너지를 주고받으며 조금씩 세상을 알아가기를 바랍니다. 사실 아이에게 세상을 가르치고 있다고 생각했지만, 돌아보면 제가 아이에게 더 많은 걸 배우고 있는지도 모릅니다. 때로는 가볍게 흘려보낸 말 한마디가 아이에게는 오래도록 남는 감정이 되고, 무심코 내뱉은 부정적인 기운 하나가 아이의 마음에 깊은 상처로 남습니다. 그래서 제가 전하는 작은 언어와 시선, 그리고 행동 하나에도 더욱 신중해지려 합니다.

우주는 우리가 주고받는 모든 기운으로 이루어져 있다고 합니다. 누군가를 따뜻하게 감싸는 마음은 결국 저에게 되돌아옵니다. **오늘 제가 전한 작은 다정함 하나가, 언젠가 아이의 삶을 지탱해 줄 커다란 힘이 되기를 바랍니다.**

저는 오늘도 우리 아이에게 좋은 기운을 전하기 위해 노력할 것입니다. 그 에너지가 아이를 감싸 더 나은 방향으로 흐르기를, 그 흐름 속에서 제가 할 수 있는 최선의 역할을 다하겠습니다. 이 세상이 우리 아이에게 조금 더 따뜻한 곳이 되기를 바라며, 저는 오늘도 진심을 담은 기운을 보냅니다.

> "세상은 당신이 발산하는 에너지로 완성된다. 따뜻한 마음 하나가 세상을 바꾼다."
> ― 루이스 L. 헤이

[9화]

다름 속에서 빛나는 하루들
평범하지 않기에 아름다운 날들

❖❋❖

저는 주원이와 비슷한 또래 아이를 키우는 다른 부모님들과는 전혀 다른 삶을 살아가고 있습니다. 그분들과 이야기를 나눌 때마다, 제가 걷고 있는 이 길이 얼마나 외롭고 다른지 새삼 깨닫게 됩니다. 다른 학부모님들은 아이들과 여행을 다니며 추억을 쌓고, 주말이면 체험 활동을 다니며 웃음소리를 남깁니다. 그 사이에 있는 저는 마치 다른 세상 사람처럼 느껴졌습니다. 함께 웃고 있어도 어딘가 끼지 못하는 듯, 소외된 기분이 들곤 했습니다. 주원이가 처음 자폐 판정을 받았던 여섯 살, 모든 것이 무너져 내리는 것 같았습니다. 앞으로 어떤 일들이 닥쳐올지 너무 두려웠습니다. 그날 이후, 저는 수없이 하나님을 원망했습니다.

"왜 우리 주원이어야 하나요?"

"왜 자폐라는 병이 존재해야 하나요?"

"하나님을 믿는 저에게 이토록 가혹한 시련을 주셔야 했나요?"

밤마다 주원이가 잠든 후 울었습니다. 소리 없이 베개에 얼굴을 묻고 울다가, 때로는 흐느끼며 기도했습니다. 하지만 매일 반복되는 하루는 조금도 달라지지 않았습니다. 혹시 제가 임신 중에 무언가 잘못한 걸까요? 모든 책임이 저에게 있는 건 아닌가 하는 자책도 들었습니다. 그렇지만 현실은 냉정했습니다. 아무리 슬퍼해도, 아무리 울어도 바뀌는 것은 없었습니다.

어느 날, 주원이는 이유 없이 울고 소리를 지르며 감당할 수 없는 행동을 보였습니다. 저는 멍하니 서서 아무것도 하지 못한 채 주원이만 바라보고 있었습니다. 그 순간 도망치고 싶었습니다. 병원에서는 자폐와 ADHD 아이들이 전전두엽 기능이 약해 스스로 행동을 조절하기 어렵다고 설명했습니다. 하지만 그 말이 답이 되진 않았습니다. 아이의 고통을 지켜보는 것이 더 힘겨웠습니다.

마트에서 물건을 고르다 갑자기 소리 지르며 물건을 던지던 주원이를 번쩍 안아 들고 나올 때면, 쏟아지는 시선들이 숨을 막히게 했습니다. 누군가는 수군거렸고, 누군가는 한숨을 쉬었습니다. 그 시선이 무서워 외출을 포기한 날도 많았습니다. 그보다 더 두려웠던 건, 우리 주원이가 이 세상에서 받아들여지지 않을까 하는 생각이었습니다.

그러나 그런 순간에도 주원이는 자신만의 방식으로 저를 사랑해 주었습니다. 고사리 같은 손으로 제 얼굴을 쓰다듬고, 눈은 마주치지 않지만 제 곁을 맴돌며 마음을 표현해 주었습니다. **그제야 알았습니다. 주**

원이는 틀린 것이 아니라, 단지 다른 것뿐이라는 사실을요. 하지만 여전히 현실은 가혹합니다. 주원이는 신호등이 바뀌어도 그대로 뛰어들려고 합니다. 순식간에 팔을 잡아 겨우 막지만, 그때마다 가슴이 덜컥 내려앉습니다. 휴대전화나 패드를 던지고, 친구와의 관계에서 오해를 사고, 사람들의 시선을 받는 일상에서 저는 끊임없이 고민하게 됩니다.

"내가 더 나은 부모였다면, 지금보다 더 잘할 수 있었을까?"

이 질문에 답을 찾지 못한 채, 저는 오늘도 아이와 하루하루를 살아갑니다. 평범한 하루, 평범한 대화, 평범한 외출조차도 저에게는 사치처럼 느껴질 때가 많습니다. 그래서 감정을 숨기고, 괜찮은 척 웃습니다. 아이 앞에서는 울 수 없으니까요. 하지만 혼자 있을 때는, 참았던 눈물이 한꺼번에 터져 나오기도 합니다. 그럴 때마다 자신에게 묻습니다.

"이게 과연 나만 그런 걸까?"

아마도 장애 아동을 키우며 하루하루를 살아내는 많은 부모님들 역시 상황은 다르더라도 같은 마음이리라 생각합니다. 이 길은 결코 쉽지 않습니다. 그러나 저는 믿습니다. 하나님께서 저에게 주원이를 맡기신 이유가 분명히 있을 거라고요.

주원이는 저를 통해 이 세상을 배웁니다. 그리고 저는 주원이를 통해 삶의 진정한 의미를 다시 배우고 있습니다. **세상과는 조금 다른 삶이지만, 그 안에도 사랑과 희망은 빛나고 있습니다.**

주원이는 여전히 세상의 속도를 따라가기 버거워하지만, 저는 이제 그 느림 속에서 새로운 아름다움을 배웁니다. 다른 아이들이 한 걸음을 내디딜 때, 주원이는 열 걸음을 돌아와 한 발을 내딛습니다. 하지만 그 한 발에는 그 어떤 아이보다 깊은 용기와 노력이 담겨 있습니다. 남들과 다른 길을 걷고 있지만, 그 길 위에서 우리는 조금씩 자라고 있습니다. 누군가의 기준으로는 느린 성장일지 몰라도, 우리 가족에게는 눈부신 기적의 연속입니다. 이제는 '다름'이 두려움이 아니라, 세상을 바라보는 또 하나의 시선임을 압니다. 주원이를 통해 저는 인내를 배우고, 사랑을 새롭게 배웠습니다. 완벽하지 않아도 괜찮다는 사실, 다름이 곧 특별함이라는 것을요.

> "아이를 키운다는 것은 세상을 다시 배우는 일이다."
>
> — 이름 없는 어른들의 지혜

[10화]

자폐, 기다림이 남긴 사랑

다름 속에서 피어난 배움과 깨달음

❋

어떤 날은 자폐 아이를 키우는 일이 괜찮다고 느껴지다 가도, 문득 현실이 벽처럼 다가와 숨이 막히는 순간이 있습니다. 그럴 때면 저는 다시 주원이의 손을 잡습니다. 그리고 배웁니다. 자폐라는 이름 아래, 우리가 함께 배우고 자라나고 있다는 사실을요.

"자폐라는 병을 왜 주셨을까요?"

자폐가 있는 아이를 둔 부모라면 누구나 한 번쯤 가슴 깊이 되새겨 보았을 질문일 것입니다. 자폐 진단을 받는 순간부터 부모의 삶은 완전히 달라집니다. 기대했던 평범한 일상은 멀어지고, 끝이 보이지 않는 혼란과 두려움이 밀려옵니다. 그 순간 부모는 아이의 미래뿐 아니라, 자신의 미래까지도 송두리째 바뀌었다는 사실을 실감하게 됩니다. 하지만 그 속에서도 우리는 배웁니다. 자폐를 이해하는 과정은 곧 부모가 성장하는 여정이 됩니다.

주원이와 함께한 일상은 말로 다 표현할 수 없는 순간들로 가득했습니다. 두 살 무렵, 주원이는 인도의 가장자리로만 걷기를 고집했고, 어린이집에서는 친구들과 어울리기보다는 혼자 조용히 노는 걸 더 좋아했습니다. 공중화장실의 물 내리는 소리를 무서워하며 귀를 막고 도망가던 모습도 잊을 수 없습니다. 아파트 단지 놀이터에서도 주원이는 그네나 미끄럼틀엔 관심 없이, 하늘에 지나가는 비행기만 올려다보며 제 손을 꼭 잡고 서 있곤 했습니다. 무작정 하늘만 올려다보는 모습이 저는 처음엔 낯설었지만, 어느새 평온한 순간으로 느껴지기 시작했습니다.

이런 행동들이 처음엔 낯설고 당황스러웠습니다. "왜 저럴까?", "왜 평범하지 못할까?" 자문하고, 때로는 제 탓이 아닐까 하는 죄책감에 시달리기도 했습니다. 하지만 점차 이해하게 되었습니다. 자폐가 있는 아이들은 같은 말을 열 번, 스무 번 반복해야 이해할 수 있고, 그만큼 반복과 인내가 일상이 된다는 것을요.

주원이는 이름을 부르면 잘 돌아봅니다. 수업도 '하면 잘 하는' 아이예요. 다만 이해력이 느린 편이라 한꺼번에 여러 지시를 주면 금세 막히곤 합니다. 언어치료 선생님이 말해 주셨죠. "한 문장씩, 구체적으로, 시각적 단서와 함께 알려 주세요."

그날부터 저는 쪼개어 말합니다. "주원아, 벗은 옷 세탁기에 넣고 와." 잠시 기다렸다가, "네가 먹은 컵이랑 그릇은 싱크대에 올려놔." 다시 기다렸다가, "네가 어질렀던 물건들 치우고 침대로 와." 세 번째, 네 번째 설명 끝에 주원이는 고개를 끄덕이며 따라옵니다. "엄마, 다 했어요?" 하고 묻는 그 순간, 저는 매번 작은 기적을 봅니다. 기다림이 사랑이 되는 장면, 사랑이 결국 배움이 되는 장면입니다.

사랑이란, "이해할 때까지 말해주는 것"이고, "기다려주는 것"이며, "절대 포기하지 않는 것"이라는 진리를 아이를 통해 배웠습니다. '정상'이라는 기준은 무엇일까요? 다수의 기준에 맞지 않는다고 해서 '다름'이 '틀림'이 되는 것은 아닙니다. 주원이는 상황 설명이 서툴러도 제가 힘들어 보일 때면 조용히 제 옆에 와서 등을 토닥여 줍니다. 그 순간 저는 세상의 어떤 위로보다 따뜻한 사랑을 느낍니다. 장난감을 건네거나, 미소 짓는 방식으로 충분히 따뜻한 마음을 보여줍니다. 어느 날은 책을 함께 읽는 순간을 통해 서로의 마음을 나누기도 했습니다. 말이 부족해도, 같은 페이지를 바라보며 공감하는 그 시간이 저에게는 큰 위로였습니다.

자폐가 있는 아이와의 삶은 분명 쉽지 않습니다. 그러나 그 길 위에서 저는 더 강해지고, 인내하는 법을 배웠습니다. 그리고 그 배움은 결국 사랑의 다른 이름이었습니다. 예전엔 당연했던 일들, 지시를 했을 때 따라오는 일, 복잡한 상황을 천천히 이해해 나가는 일이 이제는 기적처럼 느껴집니다. 우리 사회가 이 아이들의 속도를 인정해 주고, 그들을 있는 그대로 바라봐 준다면 분명 더 많은 가능성이 피어날 수 있을 것입니다. **아이는 아주 천천히, 자신만의 속도로 성장하고 있고, 저는 그 속도를 존중하는 법을 배우고 있습니다.** 그것만으로도 충분히 아름다운 여정 아닐까요?

오늘도 저는 아이의 속도를 따라 천천히 걷습니다. 언젠가 그 속도에 완전히 맞춰 걸을 수 있는 날이 오기를 바라며, 아이와 함께한 하루의 기다림이 꽃이 되어 피어나길 소망합니다. 기다림은 결코 헛된 일이 아니었습니다. 그 기다림 속에서 아이는 조금씩 세상을 배우고, 저는 사랑을 배우고 있으니까요.

> "사랑이란, 이해할 때까지 반복하고, 끝까지 기다리는 것."
>
> – 자폐아 부모의 일상에서 배우는 인내의 철학

[부록 2]

끝자락 마음의 질문들

삶이 나를 밀어낼 때, 버티는 힘을 위한 다섯 물음

모든 소리가 멀어지던 날에도, 우리는 누군가(혹은 나 자신)을 위해 다시 일어섰습니다. 그때 당신을 내일로 데려간 작은 마음의 온도를 기억하시나요? 이어지는 물음들이 그 온기를 다시 데워, 우리가 끝내 버텨낸 이유와 버팀목을 불러옵니다.

→ 내 인생의 많은 선택 중, 방향을 바꿔 놓은 결정은 무엇이었나요?
→ 나는 언제 처음 무너짐을 자각했나요? 그 순간 무엇을 붙들었나요?
→ 나를 지켜야 한다는 다짐을 한 순간은 언제였나요?
→ 누군가의 빈자리가 가장 크게 다가온 순간, 나는 어떻게 견뎠나요?
→ 당신에게 '엄마(부모)'가 된다는 건 무엇을 의미하나요?

3부

너와 함께
다시 일어서다

"아이와 함께 배우고,
다시 자라나는 엄마의 시간"

[1화]

말은 마음의 옷이다
엄마, 저한테도 그렇게 말해 주세요

❋❋

그날도 저는 다르지 않았습니다. 해야 할 일을 하나씩 체크하며 빠듯한 하루를 버텼습니다. 병원 일을 마친 뒤에는 곧장 아이를 데리러 갔습니다. 활동지원사 선생님 댁에 방문했을 때, 조그마한 강아지 하비비가 꼬리를 흔들며 저를 맞았습니다. 귀를 쫑긋 세우고 다가오는 강아지를 보며 저는 자연스레 손을 내밀었고, 나지막이 말했습니다.

"하비비야, 사랑이가 하늘나라로 떠나서 선생님이 매우 힘드실 거야. 너도 함께 지내던 강아지가 죽어서 마음이 아프지? 그러니까 선생님 말 잘 들어야 해. 알았지?"

그 순간, 옆에서 밥을 먹고 있던 주원이가 조용히 입을 열었습니다.

"엄마, 저한테도 그렇게 말해 주세요."

나지막하고 조용한 말투였지만 울림은 컸습니다. 저는 잠깐 멈춰 섰습니다.

"엄마가 주원이한테 예쁘게 말 안 해?" 조심스럽게 묻자, 주원이는 고개를 끄덕였습니다.

"맨날 화만 내고, 주원이한테는 예쁘게 말 안 해. 주원이한테도 그렇게 말해 주세요."

숨이 턱 막혔습니다. 마음속엔 무거운 돌이 내려앉은 듯했습니다. 강아지에게는 자연스럽게 흘러나왔던 그 따뜻한 말이, 왜 정작 내 아이에게는 그렇게 어렵게 다가갔던 걸까요!

주원이는 자폐 스펙트럼을 가지고 있습니다. 저는 언제나 그 아이를 사랑해 왔고, 지금도 변함없습니다. 하지만 주원이를 키우는 일상은 생각보다 훨씬 바쁘고 긴장된 연속입니다. 어느 날은 갑자기 소리를 지르고, 어느 날은 이유를 알 수 없는 행동으로 사람들의 시선을 받습니다. 그때마다 저는 원인을 분석하고, 상황을 통제하며, 문제를 수습하느라 정신이 없습니다. 하루하루가 실타래처럼 얽혀 있고, 어디서부터 풀어야 할지 모를 때도 많습니다.

"하지 마, 안 돼, 그만해." 이 말들이 하루에도 몇 번씩 제 입에서 튀어나왔습니다. 저도 사람인지라 같은 말을 반복하다 보니 지치기도 했고, 아이도 듣기 싫었을 겁니다. 어떤 날은 잠결에도 중얼거릴 만큼 익숙해진 말들입니다.

저는 아이에게 '필요한 말'만 하려고 애썼습니다. 문제를 바로잡기 위한 말, 상황을 통제하기 위한 말, 그리고 아이의 안전을 지키기 위한 말. 하지만 그 모든 말들 사이에, 정작 아이의 마음을 채워줄 따뜻한 말은 없었던 것 같습니다. 그날 주원이가 던진 그 한마디,

"엄마, 저한테도 그렇게 말해 주세요."

그건 단지 예쁜 말을 듣고 싶다는 뜻이 아니었습니다.

"엄마, 나도 사랑받고 싶어요."

"엄마, 나도 귀한 존재라는 걸 느끼고 싶어요."

"엄마, 나도 위로받고 싶어요."

그 말 속엔 수없이 많은 감정이 숨어 있었습니다.

그동안 저는 아이가 말썽을 부리는 것을 '통제해야 할 문제'로만 여겼지만, 그건 어쩌면 아이가 주목받고 싶고, 사랑받고 싶다는 외침이었는지도 모릅니다. 예쁜 말은 강아지에게만 필요한 것이 아니었습니다. 아이에게도, 누구보다도 그 말이 필요했던 것입니다. 그날 이후, 저는 작은 연습을 시작했습니다. 어색하고 서툴렀지만 용기를 내어 아이에게 말을 건넸습니다.

"주원이, 오늘은 기분이 좋구나."

"오늘 학교에서 잘했다면서 잘했어."

"엄마는 주원이가 있어서 참 좋아. 사랑해."

익숙하지 않았던 그 말들이, 아이의 표정 하나하나를 바꿔 놓았습니다. 처음엔 멈칫하던 아이가, 이내 입꼬리를 살짝 올리며 눈웃음을 지었습니다. 그 눈빛엔 처음 듣는 말에 대한 낯섦과, 어쩌면 오래 기다려 온 반가움이 함께 담겨 있었습니다.
"엄마, 나 잘했어요? 또 말해 주세요." 아이도 그 말에 반응했습니다.
다정한 말 한마디에 웃었고, "엄마, 예쁘게 말해 줘서 고마워요." 하며 제 눈을 바라봤습니다. 그제야 깨달았습니다. **말은 그저 입을 통해 나오는 소리가 아니라, 마음을 전하고 사랑을 표현하는 온도의 언어였습니다.**

저는 이제, 그 온도를 조절하는 사람이 되고 싶습니다. 우리는 종종 '사랑한다'고 말하지 않아도 상대가 알아줄 거라 생각합니다. 하지만 말에는 분명한 힘이 있습니다. 그 말 한마디가 아이의 마음을 열고, 따뜻하게 하기도 합니다. 아이를 사랑하지 않았던 게 아닙니다. 그저 사랑을 전하는 방법을 몰랐을 뿐입니다. 그렇게 저는 매일 연습하고 있습니다. 예쁘고 따뜻한 말을 아이에게 건네는 것.
"우리 주원이 참 예쁘다."
"고마워, 잘했어."
"엄마는 주원이 많이 사랑해."

주원이는 그런 제 말을 듣고 해맑게 웃습니다. 그리고 묻습니다.

"엄마, 저 잘했어요? 또 말해 주세요."

아이는 변했고, 저도 변하고 있습니다. 말 한마디가 아이의 세상을 얼마나 바꿀 수 있는지, 저는 지금 매일 배우고 있습니다. 그리고 알게 되었습니다. 말 한마디가 아이의 하루를 바꿀뿐 아니라, 엄마의 마음도 조금씩 자라나게 한다는 것을요. 이제는 제가 먼저 말합니다.

"우리 주원이, 오늘 하루도 잘했어. 고마워."

그렇게 아이에게 말을 건네는 순간, 저는 아이에게 배운 '사랑의 언어'로 제 자신을 다독이게 됩니다. 말은 아이를 바꾸고 엄마도 자라게 했습니다. 그렇게 너를 안고, 나도 어른이 되어갑니다. 오늘도 저는 아이에게 말을 건넵니다. 사랑한다는 말, 그 한마디로 하루를 시작합니다.

> **"말은 마음의 옷이다. 따뜻한 말은 그 마음까지 따뜻함을 만든다."**
>
> — 새뮤얼 존슨

[2화]

함께하고 싶다는 단순한 바람

드론을 보며 삼킨 그리움

❖❀❖

 아이를 키우며 가장 먼저 배운 건, 말의 무게였습니다. 요즘 주원이는 유난히 "아빠"라는 단어를 자주 입에 올립니다. 편의점 앞에서 아빠 손을 잡고 젤리를 사 먹는 아이를 보거나, 놀이터에서 어깨에 매달려 신나게 웃는 아이를 보면 작은 목소리로 말합니다.

 "나도 아빠랑 놀고 싶어…."

 얼마 전, 동네 친구 엄마와 아이들과 함께 배드민턴을 치러 나갔습니다. 운동장 한쪽에선 한 아이가 아빠와 함께 드론을 조종하고 있었습니다. 그 장면을 뚫어지게 바라보던 주원이는 내 손을 덥석 잡으며 말했습니다.

 "엄마… 나도 저렇게 놀고 싶어. 나도 아빠랑 저거(드론) 하고 싶어."

 저는 순간 웃는 얼굴로 "그렇구나." 하고 말했지만, 속에서는 무언가가 천천히 부서졌습니다. 그 말 한마디, 그 시선 하나에 마음 깊은 곳이

갈라지는 듯했습니다.

  한 아이를 품는 일은, 때때로 세상의 평범함을 통째로 견디는 일과 같습니다. 아이의 그리움은 단순한 바람이 아니었습니다. 함께 있고 싶은 사람, 같이 하고 싶은 순간. 그 마음을 말로 표현할 수 있을 만큼 자라버린 주원이는 이제 주변을 관찰하고, 비교하고, 스스로 질문을 던지기 시작했습니다. 며칠 전엔 조용히 물었습니다.

"엄마, 아빠는 어디 간 거야?"

"왜 돈만 벌어? 주원이랑 놀지도 않는데… 나도 아빠랑 놀고 싶어. 아빠랑 엄마랑 남산도 가고 싶고 기차랑 비행기도 타고 싶어. 아빠가 안 오니까 속상해."

  저는 그 말에 대답할 수가 없었습니다. 숨을 고르려 했지만 가슴이 저려 왔고, 입술은 자꾸만 말끝을 흐릴 뿐이었습니다. 주원이는 울지도 않았고, 화내지도 않았습니다. 그저 궁금하다는 듯, 너무나 순한 얼굴로 묻는 말투였기에 저는 더 무너졌습니다. 그 질문 속엔 원망도, 슬픔도, 그리고 무엇보다 '왜 나는 함께할 수 없냐?'는 마음이 담겨 있었습니다. 저는 말 대신 아이의 손을 꼭 잡았습니다. 그리고 조심스럽게 말했습니다.

"아빠는 멀리 있어. 하지만 주원이를 사랑하는 마음은 가까이에 있어. 아빠가 지금은 곁에 없지만, 엄마는 항상 네 옆에 있을게."

  그 말이 위로되었을지 모르겠습니다. 아이는 조용히 고개를 끄덕였고, 저는 그 모습을 보며 아이가 감당하고 있는 '그리움'이 제가 느끼는 외로움보다 훨씬 크고 무겁다는 걸 깨달았습니다.

아이는 아직 아빠를 원망하지 않습니다. 그저 함께하고 싶은 마음, 같이 웃고 싶은 순간들이 있을 뿐입니다. 그 순수한 바람 앞에 저는 자꾸만 작아지고, 매번 마음에 작은 상처가 납니다. 그리움은 때로 말보다 조용히 번집니다. 아이의 눈빛 한 번, 짧은 한마디 속에 스며든 그리움을 마주할 때마다, 저는 그저 아이의 손을 더 꼭 잡게 됩니다.

주원이는 아빠를 닮진 않았지만, 나름대로는 아빠와 닮았다고 생각했던 걸까요?

요즘 들어 〈도깨비〉 속 '공유'를 보며 말하곤 합니다.

"엄마, 아빠 나왔다. 우리 아빠랑 닮았지? 공유 아저씨가 우리 아빠야."

그렇게 웃으며 말할 때, 저는 무심코 고개를 끄덕이며 맞장구 치지만, 속에서는 조용히 마음이 저려옵니다.

어쩌면 주원이는 그 드라마 속에서라도 아빠를 만나고 싶었던 걸 겁니다. 함께 걷고, 이야기하고, 놀고 싶은 너만의 방식이었겠지. 그 마음, 다 헤아릴 수는 없지만 엄마는 알아. 그렇게라도 보고 싶고, 대화하고 싶고, 아빠와 함께 있고 싶다는 너의 바람을.

그래, 주원아. 보고 싶다면 봐도 돼. 그 드라마 속에서도, 광고 속에서도, 어디에서든 너의 마음이 닿는 곳에서 아빠를 떠올려도 괜찮아. 그렇지만 너의 그 말이 들릴 때마다 엄마는 마음이 조금 아파. 그만큼 네가 간절하다는 걸 알기에, 그 바람을 지금 당장은 이뤄줄 수 없기에. 그래도 엄마는 믿고 싶어. 언젠가, 그게 언제일진 모르겠지만… 아빠가 너와 함께 손잡고 같이 걷고, 웃으며 놀아주는 날이 올 거라고. 그날이 오면, 엄마는 정말, 진심으로 좋겠어.

> **"아이들은 당신이 한 말을 기억하는 것이 아니라, 당신이 어떻게 대했는지를 기억한다."**
>
> – 마야 안젤루

[3화]

조용히 참아낸 아픔의 시간들

놓쳐버린 아픔, 뒤늦은 미안함

주원이는 말이 늦고 행동도 느렸으며, 소근육과 대근육의 발달이 전반적으로 더뎠습니다. 그러던 어느 날부터 다리까지 아프다고 말했지만, 처음엔 그냥 체질적으로 약해서 그런가 보다 하고 무심하게 넘어갔습니다. 어디가 아프냐고 물어봐도 주원이는 확실하게 말하지 못했고, 그저 "아파."라는 말만 반복했습니다. 그 통증이 얼마나 오래 이어지고, 아이가 그 힘든 아픔을 참고 견뎌왔는지 예상하지 못했습니다.

통증은 점점 손과 팔 그리고 다리로 옮겨갔습니다. 주원이는 손목을 만지며 울었고, 다리를 만지며 아프다고 했습니다. 표현이 서툰 아이에게서 나온 그 반응들은 작지만 분명한 경고처럼 느껴졌습니다. 어느 날은 다리를 절며 걷다가 결국 주저앉아 버렸습니다. 그 모습을 본 외할아버지는 깜짝 놀라 "얘가 왜 이렇게 아파하냐?"며 늙은 몸을 굽혀 주원이를 조심스레 업어 주셨습니다. 주원이는 아픈 다리를 내어주며, 고개를 툭 떨군 채 아무 말 없이 업혀 있었습니다. 그 모습이 지금도 눈에 선해 가슴이 저릿했습니다.

"아파…." 한마디를 꺼내고는, 이내 아무렇지 않은 듯 다시 일어나려 애썼습니다.

가을쯤, 친정 근처 정형외과를 찾았습니다. 두 번이나 갔지만, 의사 선생님은 "조금 약하긴 한데, 특별한 이상은 없어 보입니다."라고 말했습니다. 시간이 지나도 계속 아프다고 해서 이번엔 활동지원사 선생님이 주원이를 데리고 집 근처 병원에 다녀왔습니다. 그곳에서도 "괜찮습니다. 특별히 문제없어 보입니다."라는 이야기를 들었습니다.

어느 병원에서도 정확한 이상소견을 말해주는 곳은 없었습니다. 주원이의 통증은 계속되었습니다. 어느 날은 팔이 아프다고 하고, 또 어느 날은 발이 아프다고 했습니다. 하지만 아무리 살펴봐도 눈에 띄는 상처나 붓기, 멍 하나 없었습니다. 의사 선생님들이 모두 괜찮다고 하니 어느새 "정말 괜찮은 걸까?"라는 불안과 "제가 괜히 예민한 걸까?"라는 의심 사이에서 갈팡질팡했습니다. 그렇게 6개월이라는 시간이 흘렀습니다.

어느 날, 목욕을 마친 주원이를 씻기고 로션을 바르던 중 옷을 입히려는 데, 다리가 부어 있었고 실핏줄이 터진 것처럼 울긋불긋한 자국들이 보였습니다. 순간 이상하다는 생각이 들었지만 또 아이에게 물었습니다.

"주원아, 다리 아파?"

"응, 여기 아파…."

손으로 다리를 짚으며 아프다고 말했습니다. 이번엔 정말 안 되겠다는 생각이 들었습니다. 곧 다가올 휴가 때 다시 병원에 데리고 가기로 결심했습니다.

이번에는 정형외과가 아닌 통증의학과를 찾았습니다. 정형외과에서는 매번 아무 이상 없다고 했으니까요. 통증의학과 선생님은 한참 동안 엑스레이를 들여다보시더니 "조금 이상한 부분이 보이네요. 아이가 많이 아팠을 것 같은데 얘기한 적이 없나요? 대학병원 소아정형외과에서 한 번 확인해 보시는 게 좋겠습니다."라고 하셨습니다. 그 말을 듣는 순간, 마음속에서 어떤 익숙한 문장이 떠올랐습니다. '또야?' 또 새로운 문제일까? 병원에 갈 때마다 주원이는 새로운 증상을 드러냈고, 그때마다 저의 첫 반응은 "이번엔 또 뭐지?"라는 막막한 질문이었습니다. 그 말은 저도 모르게 제 심장을 쿵 하고 치고 들어왔습니다.

주원이는 늘 조용했고, 저는 그 조용한 아픔 속에서 무엇이 문제인지, 어떻게 도와야 할지 늘 두려움과 죄책감 사이를 오가며 답을 찾아 헤매고 있었습니다. 친정 근처 정형외과에서 두 번이나 괜찮다고 했고, 동네 정형외과에서도 '뼈가 약해 보인다.'는 말만 들었습니다. 그리고 제가 휴가를 내서 찾은 통증의학과에서야 '뼈 모양이 이상하다'며 소아 정형외과 진료를 권했고, 마침내 네 번째 병원에서 정확한 주원이의 병명을 알 수 있었습니다.

그 이름은 '소아 다발성 골다공증'. 처음 듣는 병명이었습니다. 이름을 찾았다는 안도감보다도 그 의미를 알기에 더 큰 두려움이 밀려왔습니다. 의사 선생님은 조심스럽게 설명해 주셨습니다.

"이 병은 성장기 아이들에게 매우 드문 질환입니다. 뼈가 약해지고, 통증과 골절의 위험이 큽니다. 주원이는 정말 아팠던 겁니다. 그걸 계속 참아왔나 봅니다." 그 전에 정형외과에서는 왜 병명을 잡아내지 못했을까 의문도 들었습니다. 주원이가 '아프다.'고 했던 것은 단순한 불편함이 아니었습니다. 그건 몸속에서 분명히 일어나고 있던 이상 신호였습니다.

그걸 믿지 못했던 제가 미안했고, 끝까지 표현해 준 주원이가 고마웠습니다. 엄마로서 아이의 신호를 외면했던 시간들이, 돌이킬 수 없는 미안함으로 밀려왔습니다. 그러나 병명을 알게 되었다고 해서 모든 것이 해결된 건 아니었습니다. 그때부터 또 다른 막막함이 시작됐습니다. 어떻게 치료해야 할까? 이 병은 완치가 되는 걸까? 앞으로 주원이의 삶은 어떻게 달라질까? 자폐라는 산을 넘기도 전에 다발성 골다공증이라는 또 하나의 산이 눈앞에 펼쳐졌습니다.

다발성 골다공증은 병명을 안다고 끝나는 것이 아니라, 잘 챙겨 먹고 재활치료를 하며 꾸준히 정형외과를 다니며 경과를 관찰하는 방법뿐이라고 합니다. 매일 걷는 속도가 느리고, 앉았다 일어나는 것도 더딘 주원이를 두고, "누가 보면 70대 할아버지 같겠다."라고 말하며 "왜 이렇게 굼뜨냐?", "조금만 빨리 움직여봐."라며 나무라기만 했던 제가 너무 미안했습니다. 그 모든 게 당연한 증상이었는데, 저는 그걸 모르고 상처 주는 말만 반복하고 있었습니다. 이러고도 제가 엄마라고 말할 수 있을까요? 그 생각이 머릿속을 떠나지 않았습니다.

그날 밤, 아이를 바라보다 결국 참지 못하고 마음속에서 흘러나온 말을 조용히 꺼냈습니다. "주원아, 많이 힘들고 아팠지? 미안해. 엄마가 참 자격이 없다. 용서해 줘. 많이 힘들었을 너에게, 엄마가 참…." 그 말이 끝나기도 전에, 저는 조용히 아이의 손을 꼭 쥐었습니다. 아프다고 말했던 순간들, 울면서 참았던 시간들이 하나하나 되살아났습니다. 이제라도 너를 더 잘 안아주고 싶다는 마음뿐이었습니다.

이제는 알았습니다. 아이의 '괜찮아 보여서 괜찮은 것'이 아니라, '괜찮지 않아도 괜찮다고 말할 수 있는 마음'을 들어주는 게 진짜 부모의 역할이라는 것을요.

첩첩산중 같은 현실. 그 안에서도 우리는 길을 찾고 있습니다. 때로는 멈춰 서고, 때로는 눈물도 흘리지만 천천히, 그러나 포기하지 않고. 주원이와 함께 저는 오늘도 걸어갑니다.

"사랑은 말이 아니라 행동으로 표현되는 것이다."

– 장자크 루소

[4화]

제 엄마라서 다행이에요

주원이의 편지

❖❃❖

 만약 주원이가 글로 마음을 전할 수 있다면, 아마 이렇게 쓰지 않았을까요? 이 편지는 자폐와 ADHD를 가진 아이가 엄마에게 전하고 싶은 사랑과 고마움의 마음입니다. 동시에 오늘도 아이를 품고 버티는 모든 엄마들에게 드리는 작은 위로이기도 합니다.

특별한 나의 엄마에게

 엄마, 엄마가 저를 처음 가졌을 때 얼마나 기뻤을지 상상해 봤어요. 저를 꿈꾸며 웃었을 엄마, 건강하고 웃음 많은 아이를 기다렸을 엄마. 그런데 저는 태어나자마자 선천성 구순열 기형이라는 말을 들었고, 엄마는 '이것만 치료하면 괜찮아질 거야.' 하며 희망을 품었겠죠. 하지만 제가 다섯 살이 되었을 때 병원에서 "한 번 더 상담을 받아보라."는 말을 듣고 엄마와 함께 찾은 그 병원에서 '자폐 스펙트럼'이라는 진단을 받게 됐어요.

　그날 이후로 엄마의 웃음이 사라졌어요. 저는 밥도 잘 안 먹고, 감정을 조절 못 해 소리를 지르고, 이유 없이 짜증을 부렸어요. 저도 안 그러고 싶었지만, 이 모든 게 제가 가진 자폐 스펙트럼과 ADHD 때문이었어요. 엄마는 그걸 처음엔 받아들이지 못했나 봐요. 전 지능도 좀 떨어져서 엄마가 하는 말들을 다 이해 못 했어요. 엄마가 답답해서 소리를 지르거나 화내는 모습을 볼 때, 저는 속상했지만 '내가 엄마를 더 힘들게 했구나.' 그렇게만 생각했어요. 엄마가 하는 그 쉬운 말들이 저에겐 너무 어려워서 그저 멍하니 쳐다보고만 있을 때, 엄마도 절 보며 너무 힘들어했죠. 그 얼굴, 저는 기억해요. 엄마도 처음이잖아요. 장애가 있는 아이를 키우는 일. 모든 게 새롭고, 낯설고, 어려웠겠죠. 어릴 때, 엄마가 침대에 앉아 울면서 저에게 소리치던 모습도 생각났어요.

"왜 나한테 왔어? 오지 말지 그랬어. 왜 와서 엄마를 이렇게 힘들게 해. 건강하게 오지… 왜 아프게 태어난 거야…." 그리고는 울고 있는 저를 보고 "엄마가 미쳤나 봐… 미안해, 주원아…." 말하며 저를 안고 서럽게 울던 엄마. 그 모습을 보며 저는 생각했어요. '제가 엄마의 아들로 태어나지 않았다면 엄마는 좀 더 행복했을 텐데….'

　만약, 엄마가 저 말고 건강하고 예쁜 아이를 만났다면 이렇게 슬퍼하고 울지는 않았을 거예요. 그런데 요즘은, 엄마는 절 조금이라도 나아지게 하겠다며 경제적인 모든 걸 다 포기하고 비싼 센터 치료와 여러

가지 치료에 전념하고 있어요.

"우리 주원이는 좋아질 거야. 그러니까 화내지 말고, 말로 하자. 사람 때리지 말고, 물건도 던지지 말고. 주원이 할 수 있지? 엄마가 꼭 주원이 좋아지게 해 줄게."

그렇게 말하며 웃어주는 엄마. 포기하지 않고 옆에 있어 줘서 정말 고마워요. 제가 나이에 비해 발달이 미숙해서 누가 봐도 초등학생처럼 보이지 않았을 것 같아요. 이 아이는 왜 이러지 생각하며 이상한 눈으로 사람들이 쳐다볼 때도 저에 대해 설명해야 했던 엄마. 한번 말하는 것도 쉽지 않았을 텐데, 엄마는 단 한 번도 저를 부끄러워하지 않았어요. **엄마는 늘 "내가 부족한 엄마라서 미안해. 건강하게 태어나지 못해 네가 고생하네! 미안해 엄마가."라고 말하지만 저는 그렇게 생각하지 않아요. 엄마는 절대 부족한 사람이 아니에요.**

내 작은 성취 하나에도 마치 세상에서 내가 처음 그 일을 해낸 사람처럼 두 팔 벌려 기뻐해 주는 엄마. 제가 화를 내고, 울부짖고, 소리 지르며, 엄마를 때리고 제가 원하는 대로 행동해도 엄마는 한 번도 저를 포기하지 않았어요. 내 마음을 누구보다 먼저 알아봐 준 사람. 그건 바로 엄마예요. 엄마, 제가 다른 친구들처럼 말은 잘 못하지만, 엄마한테 말하고 싶어요. 전 엄마를 사랑해요. 절 포기하지 않아 주셔서 감사해요. 그리고, **엄마가 제 엄마라서 정말 다행이에요.**

엄마 아들, 주원이 드림

"엄마의 무너진 마음을 아이는 모른 척하지만, 절대 모르지 않아요."

> "침묵은 때로 가장 강력한 표현이다."
> – 랄프 왈도 에머슨

[5화]

아이와 함께, 나도 자란다
처음부터 잘 안아주지 못해서 미안해

❖※❖

　자폐 스펙트럼과 ADHD가 있는 아이를 키우며 끝없이 후회하고 자책하며, 또 다시 마음을 고쳐먹어야 했던 시간들. '엄마'라는 이름으로 살아가는 게 이렇게 어려운 줄 몰랐어요. 그리고 이제야 조금씩 알게 되었어요. 그 모든 순간이 결국 저를 자라게 했다는 걸요. 이 편지는 내 아이에게, 그리고 같은 길을 걷는 엄마들에게 보내는 진심의 기록입니다. 아이를 안고 무너지면서도 다시 일어나는 모든 엄마들에게 이 편지를 바칩니다.

사랑하는 우리 아들, 주원아
　엄마는 너를 만나기 전까지 부모가 된다는 게 이렇게 어려운 일인 줄 정말로 몰랐어. 한 생명을 책임지고, 가르치고, 지켜내는 일. 엄마는 그걸 너무 쉽게만 생각했던 것 같아. 그리고 솔직히 말할게. 아픈 아이를 만나게 될 거라고는 단 한 번도 상상해 본 적이 없었어. 구순열이라는 말을 들었을 때, 엄마는 '이건 수술하면 괜찮아질 거야.' 하며 희망을 붙잡았어. 그런데 어느 날, 병원에서 "한번 발달검사를 받아보라."는 말을 듣고 너를 데리고 간 날, '자폐 스펙트럼'이라는 진단을 받았지.

그날 이후로 엄마는 웃는 게 줄어들었고, 너를 바라보는 마음엔 무거운 그늘이 드리웠어. 받아들이기 싫었고, 그 현실이 너무 무서웠고, 도망치고만 싶었어. 그러면서도 매일 너를 바라보는 순간순간은 너무 소중하고 아까웠어. 그러니 엄마 마음이 얼마나 복잡했겠니? 넌 엄마에게 계속 사랑과 관심을 바랐는데, 엄마는 자꾸 뒤로 숨었어. "차라리 태어나지 않았더라면 덜 힘들었을까…?" 그런 말까지 입 밖으로 꺼낸 적도 있었지. 정말 미안해. 그건 너 때문이 아니라, 너무 무너진 엄마의 마음 때문이었어.

그렇게 울며 소리치던 그 밤. 네가 놀란 눈으로 울고 있을 때 엄마도 울면서 널 안고 말했지.
"엄마가 미쳤나 봐, 미안해… 주원아."
그날 이후, 엄마는 매일 그 장면을 떠올려. 그리고 네가 아픈 엄마 옆에서 조용히 말했던 그 말. "엄마, 하늘나라 가지 마요. 주원이는 엄마 없으면 안 돼요. 아프지 마요. 그럼, 같이 하늘나라 가요." 그 한마디가 엄마를 다시 숨 쉬게 했고 정신 차리게 했어. 네 손이 엄마 볼을 쓰다듬을 때, 엄마는 그 작고 따뜻한 손에서 다시 살아갈 이유를 찾았어.

그날부터 엄마는 마음을 바꿨어. 너를 '고치려고'가 아니라, 너를 '지키려고' 살아가겠다고. 주원아, 너는 느리고 서툴러도 누구보다 깊고 예쁜 마음을 가진 아이야. 말이 서툴러도 눈빛으로, 손길로 엄마에게 늘 사랑을 알려주는 아이야. 엄마는 그걸 이제야 조금씩 알게 됐어. 그러니까 너무 늦게 깨달아서 미안해. 너는 날 미워할 법도 한데 "엄마 사랑해요." 그렇게 먼저 말해주는 아이였어.

네가 감정 조절을 못 할 때, 엄마가 말한 걸 이해하지 못해 멍하니 있을 때 엄마는 답답했지만, 이제는 네 마음을 천천히 읽는 법을 배우고 있어. 사람들은 엄마를 보면 "대단하다."고 말하지만, 엄마는 네 덕분에 진짜 '사람'이 되어가는 중이야. 그리고 지금은 엄마가 자신 있게 말할 수 있어.

너라서 다행이야. 너와 함께여서, 엄마가 자라고 있어.

네가 있어서 오늘도 엄마는 버티고, 또 자라간다. 앞으로도 더 많이 서툴겠지만 엄마는 끝까지, 너의 세상에 함께 있을게. 사랑해, 주원아. 너의 엄마가.

> "사랑은 서로를 바라보는 것이 아니라, 함께 같은 방향을 바라보는 것이다."
>
> — 앙투안 드 생텍쥐페리

[6화]

동그라미 속에 담긴 너의 세상
반복의 세계에서 피어난 이해의 눈빛

❖

주원이는 동그라미를 참 좋아합니다. 손에 잡히는 건 무엇이든 굴리기 시작했지요. 물통 뚜껑, 컵라면 뚜껑, 고리, 동전, 작은 병뚜껑까지 무엇이든 원을 그리며 굴러가면, 주원이는 그걸 한참 동안 바라보았습니다.

그 모습을 처음 봤을 땐, '왜 저럴까?' 싶었습니다. 사실 이해할 수 없었습니다. 동그라미를 굴리는 걸 하지 못하게 한 적도 많았습니다. 아이는 왜 그렇게 반복된 행동을 멈추지 못하는 걸까, 혹시 무언가 잘못된 건 아닐까, 불안한 마음이 앞섰습니다. 하지만 시간이 지나며 깨달았습니다. 그건 단순한 '습관'이 아니라, 주원이가 세상과 연결되는 자기만의 언어였다는 것을 이해하게 되었습니다.

동그라미를 굴릴 때 주원이는 고요했습니다. 혼란스러운 세상 속에서, 동그라미는 그에게 질서와 안정을 주는 작은 우주였을지도 모릅니다. 굴러가는 모양을 바라보며, 주원이는 자신만의 리듬으로 세상을 이해하고 있었습니다. **그건 '집착'이 아니라 '위로'였습니다.** 세상이 너무 빠르게 돌아가기에, 그는 자신만의 속도로 세상을 천천히 돌려보고 싶었던 것입니다. 어쩌면 주원이는 동그라미를 통해 세상을 통제 가능한 공간으로 만들고 있었는지도 모릅니다. 예측 불가능한 현실 대신, 스스로 움직임을 만들고 결과를 확인하며 '내가 세상에 영향을 줄 수 있다.'는 감각을 얻는 것이었겠지요.

어느 날, 주원이가 혼자 동그라미를 굴리며 웃고 있을 때 저는 살짝 옆에 앉았습니다.

"주원아, 왜 이렇게 좋아?"

아이는 제 질문 대신, 저를 바라보며 미소를 지었습니다. 그 웃음 안에는 수많은 말이 담겨 있었습니다. '엄마, 이게 나야. 이렇게 노는 게 좋아.' 그제야 알았습니다. 제가 이해하지 못해도, 주원이는 이미 자신만의 세상에서 충분히 행복할 수 있다는 것을요.

이제는 주원이가 동그라미를 굴릴 때마다 그 행동을 멈추게 하지 않습니다. 대신 그 옆에 앉아 함께 봅니다. 굴러가는 원을 따라가며, 저도 주원이의 세계로 한 걸음 들어갑니다. 그리고 생각합니다.

'이 아이는 지금, 자기만의 방법으로 세상과 대화하고 있구나.'

예전엔 '이해시키려는 마음'이 컸다면, 이제는 '이해하려는 마음'으로 그 곁에 있습니다. 멈추게 하는 대신 함께 바라보며, 조금은 낯선 그 세계를 존중하는 법을 배우고 있습니다.

우리가 이해하지 못한다고 해서, 그 세계가 틀린 건 아닙니다. 다만 다를 뿐이고, 그 다름을 이해하려는 눈빛 하나가 아이를 지켜줍니다.
주원이는 그렇게, 동그라미 속에서 세상을 배우고, 저는 그 모습을 통해 아이의 세계를 조금 더 깊이 이해하게 되었습니다.

> "아이의 다름을 이해하는 순간, 부모의 시선도 한층 더 넓어진다."
> — 템플 그랜딘

[7화]

나를 안아줄 때, 아이도 미소 짓는다
멈춤의 시간 속에서, 진짜 나를 만났습니다

❖

아이의 눈에는 엄마의 하루가 비쳐요. 아이는 저를 통해 세상을 배웁니다. 엄마가 웃으면 아이도 웃고, 엄마가 주저앉으면 아이의 세상도 함께 흔들립니다. 그래서 저는 오늘도 버텨야만 했습니다. 처음엔 몰랐습니다. '이 모든 무게를 견디는 게 내 역할이겠지.' 그렇게 생각하며 늘 아이에게만 모든 힘을 쏟아부었습니다. 하지만 어느 날 문득 깨달았습니다. 저만 힘든 줄 알았지만, 알고 보니 아이도 제 힘듦을 알고 있었다는 것을요. 제가 지쳐 있을 때, 아이의 눈빛도 따라 흐려졌습니다. 그 눈을 보고서야 비로소 알았습니다. 이 아이는 말보다 먼저 마음으로, 엄마의 아픔을 읽고 있었구나.

그리고 조금 더 깊이 들여다보니, 아이는 자신이 남들과 다르다는 걸 알고 있었습니다. 그 다름이 만들어낸 세상의 시선 속에서, 아이는 스스로 힘겨운 싸움을 버티고 있었습니다. 그런데 그보다 더 아이의 마음을 아프게 하는 건, 자신 때문에 힘들어하는 엄마의 모습을 바라볼 때였습니다. 엄마가 울면, 아이의 세상은 더 조용해지고, 엄마가 미소 지으면, 아이의 세상엔 다시 햇살이 들었습니다. 그 사실을 깨닫는 순간, 저는 알았습니다. 이 아이는 제가 생각한 것보다 훨씬 강하고, 훨씬 다정한 마음을 가진 존재라는 것을요.

그때 처음으로 제게 물었습니다. '나는 나를 얼마나 돌보고 있었을까?' 아이를 위해선 뭐든 다 할 수 있었지만, 정작 제 자신에게는 단 한 번도 "괜찮아요, 당신도 힘들었지요?" 이 말을 건넨 적이 없었습니다. 그 답을 찾게 된 건, 코로나로 인해 일주일간 격리되었을 때였습니다. 늘 아이와 붙어 지내던 저는, 처음으로 완전히 혼자가 되었습니다. 그 시간은 생각보다 고요했고, 낯설 만큼 길게 느껴졌습니다. 처음 며칠은 '이 시간을 어떻게 버티지?'라는 불안이 앞섰지만, 며칠이 지나자 마음 한편에서 작게 속삭이는 소리를 들었습니다.

'드디어, 나 혼자 있을 시간이 생겼구나.' 그제야 알았습니다. 아이를 위해 달려오느라, 정작 저 자신을 한 번도 들여다본 적이 없었다는 것을요. 격리 7일차, 창문 너머로 스며드는 빛을 바라보며 문득 깨달았습니다. **'나를 돌보지 않으면, 결국 아이도 함께 지쳐버릴 거야.'** 그 시간은 외로움이 아닌, 회복의 시간이었습니다. 처음으로 스스로를 안아주고, 제 안의 마음을 다독인 순간이었으니까요.

그래서 이제는 조금씩, 저를 위해 숨 고르기를 시작했습니다. 매일

10분이라도 조용히 눈을 감고 오늘 하루를 견뎌낸 저에게 속삭입니다.

"잘했어요. 오늘도 버텼네요."

이제는 알겠습니다. 제가 무너지면, 아이의 세상도 함께 흔들린다는 것을요. 그래서 저는 아이를 지키기 위해, 먼저 저 자신을 안아주기로 했습니다. 잘하려고 애쓰지 않아도 됩니다. 완벽한 부모가 아니어도 괜찮습니다. 아이는 우리가 해내는 모든 행동보다, 곁에 '존재'하는 그 사실로부터 사랑을 배웁니다.

그냥 곁에 있어 주는 것, 그것이 아이에게는 생명 같은 버팀목입니다. 이제는 압니다. 제가 저를 돌보는 일은 이기심이 아니라, 사랑의 시작이라는 것을요. **저를 먼저 안아줄 때, 비로소 아이를 품을 에너지가 자라납니다.** 그러니 오늘 하루, 잠시 숨을 고르고 자신을 바라봐 주세요. 당신이 무너지지 않기를, 당신이 스스로를 잃지 않기를 바랍니다. 당신의 숨 하나, 미소 하나가 아이의 세상을 밝혀주는 빛이니까요.

> **"아이를 사랑하는 일은, 나를 사랑하는 일에서 시작됩니다."**
>
> — 아델린

[8화]

정말 우리 아이가 불편했나요?
불편한 배려

❖

　병원에서 돌아오는 길이었습니다. 긴 진료와 검사로 지친 몸을 이끌고, 활동지원사 선생님과 함께 아파트 엘리베이터 앞에 섰습니다. 마침 같은 라인의 아버님이 다섯 살쯤 되어 보이는 딸아이와 함께 기다리고 계셨습니다. 그런데 그 아버님, 저희를 보시자마자 표정이 굳으셨습니다. 그리고 아주 자연스럽지만 분명하게, 몸을 옆으로 피하셨습니다. 그 순간 저는 알아차렸습니다. 이분은 지금 저희를 피하고 계십니다. 그 짧은 순간, 마음이 철렁 내려앉았습니다. 우리를 불편해하는 시선에 익숙해질 수는 없었거든요. 같은 라인에 사는 이웃이니, 저희 아이가 발달장애가 있다는 것을 이미 알고 계실 거라고 생각했습니다. 그런데도, 아니 어쩌면 그래서일지도 모르겠습니다. 더 노골적으로 거리를 두고 계셨습니다.

그때 주원이는 그 아이를 바라보다가 앞으로 다가가려 했습니다. 저는 조용히 아이를 제 쪽으로 끌어당기며 말했습니다.

"주원아, 거기 가지 말자."

마침내 엘리베이터가 도착했습니다. 그런데 주원이는 순서를 따지지 않고 무작정 타려 했습니다. 저는 급히 손을 뻗어 막으며 말했습니다.

"주원아, 내리는 분들이 먼저야. 그리고 먼저 기다린 분들이 타야 해."

그 순간, 그 아버님이 손짓하며 말씀하셨습니다.

"먼저 타세요."

저는 순간 망설였습니다. 정말 배려였을까요? 아니면 '그냥 빨리 사라져 주세요.'라는 회피였을까요? 하지만 주원이가 얼른 타고 싶어 했고, 상황이 애매해 조심스럽게 "죄송합니다."라고 말씀드리고 먼저 탔습니다. 활동지원사 선생님도 뒤따라 타셨습니다.

그런데 그 아버님은 딸과 함께 타지 않으셨습니다. 선생님이 말씀하셨습니다.

"같이 타시죠."

하지만 그분은 짧게 대답하셨습니다.

"그냥 올라가세요. 저는 다음 거 탈게요."

순간, 공기가 얼어붙는 것 같았습니다. 엘리베이터 문이 닫히는 순간, 선생님은 참지 못하고 말씀하셨습니다.

"아니, 주원이가 뭐가 어때서 저러는 걸까요?"

"진짜 저런 어른들이 문제예요. 너무 속상하네요. 이해할 수가 없어요."

저는 아무 말 없이 엘리베이터 벽을 바라보았습니다. 속에서 무언가 끓어오르고 있었습니다. '아, 이분… 우리를 피하신 거구나.'

아버님의 행동이 아예 이해가 안 가는 것은 아닙니다. 그 연배라면 발달장애인에 대한 이야기를 어디선가 한두 번쯤 들었을 테니까요. 돌발행동을 할 수도 있다고 생각했을 수도 있고, 귀찮은 일이 생기지 않기 위해 피하신 것일 수도 있습니다. 하지만 저는 동시에 이런 생각도 들었습니다.

'당신 아이는 절대 아프지 않을 거라고 믿고 계신가요?'
'우리 아이가 뭘 그렇게 잘못했을까요?'
'같은 공간에 있는 것조차 불편했던 걸까요?'

그러나 그보다 더 걱정되는 건, 바로 이 순간을 함께 겪고 있는 주원입니다.

저는 어른이니까 이런 상황이 불편해도 참고 넘길 수 있습니다. 하지만 주원이는 아직 세상을 다 모르는데요. 이런 상황이 반복될 때마다, 주원이는 어떻게 느낄까요? 어느 날 이 모든 상황을 온전히 이해하게 되었을 때, '나는 환영받지 못하는 존재구나.' 하고 자신을 움츠리게 되지는 않을까요? 사람들의 시선이 무서워지고, 어른들의 작은 행동 하나에도 위축되지는 않을까요? 그런 트라우마가 생길까 봐, 그게 정말 두렵습니다.

==저는 주원이가 평범한 아이들과 함께 살아가는 법을 배우기를 바랍니다.== 기다리는 법도 배우고, 내리는 사람을 배려하는 법도 배우기를 바랍니다. ==하지만 주원이만 배워야 할 게 아닙니다. 세상도 함께 배워야 합니다.== 다른 아이들도, 어른들도. '함께 살아가는 법'을요. 그 순간, 제가 용기를 냈더라면 그 아버님께 이렇게 말씀드리고 싶었습니다.

"아버님, 지금 자녀에게 어떤 모습을 보여주고 계신다고 생각하시나요?", "이게 정말 아이에게 올바른 행동이라고 생각하시나요?"

그리고 마지막으로, 이렇게 덧붙이고 싶습니다. "저희는 함께 살아가는 이웃입니다. ==아이들은 부모를 보며 타인을 대하는 법을 배웁니다.== 그리고 언젠가는, 아버님의 아이도 누군가를 대하는 어른이 될 것입니다. 그렇다면, 이런 순간에 어떤 선택을 하시겠습니까?"

> "아이들은 어른들의 말을 듣고 배우는 것이 아니라, 어른들의 행동을 보고 배운다."
>
> — 제임스 볼드윈

[9화]

칭찬은 마음을 여는 열쇠

작은 칭찬이 만든 변화

  저희 아이 주원이는 자폐라는 이름 아래 늘 '말썽꾸러기'로 불리곤 했습니다. 우연히 학교에 주원이를 데리러 가다 보면, 주원이를 아는 친구들이 저를 보고 다가와 묻곤 했습니다.
  "주원이 엄마예요?"
  "응, 왜?" 하고 웃으며 답하면, 아이들은 서슴없이 말했습니다.
  "아줌마, 무지 힘들 것 같아요. 이런 아이가 아들이라서요."
  "학교 애들이 주원이 때문에 화가 목까지 치밀어 올라서 힘들어해요."
  "우리 학교에서 주원이 모르는 아이가 없어요."
  그 말을 듣는 순간, 꾹꾹 눌러 담아두었던 마음 한구석이 무너져 내릴 것 같았습니다. 차마 뭐가 대답해야 할지 몰라, 그저 애써 웃어 보일 뿐이었습니다.

공공장소에서도 마찬가지였습니다. 주원이는 갑자기 큰 소리로 "사다리차다!"라고 외치거나, 마트에서 비행기 장난감을 보고 흥분해 발을 동동 구르기도 했습니다. 그럴 때마다 사람들은 주원이를 조용히 시키거나, 고쳐야 한다고 조심스럽지만 분명하게 말했습니다. 저는 얼어붙은 것처럼 말없이 고개를 끄덕일 수밖에 없었습니다. 숨이 턱 막히는 순간들이었고, 사람들의 시선은 얼음처럼 차갑게 느껴졌습니다. 하지만 저는 스스로에게 다른 질문을 던지기 시작했습니다.

'정말 이 아이를 고쳐야만 하는 걸까?'
'혹시, 고치려 하기보다 이해하려는 노력을 해볼 수는 없을까?'

주원이는 충동을 조절하는 것이 서툴렀고, 감정을 언어로 표현하는 것도 많이 힘들어했습니다. 기분이 좋을 때도, 나쁠 때도 주원이는 크고 강한 행동으로 자신의 마음을 표현하곤 했습니다. 식당에 갔던 어느 날, 주원이는 좋아하는 자장면을 앞에 두고도 젓가락질이 잘되지 않아 힘들어했습니다. 조심스럽게 집어보려 했지만 뜻대로 되지 않자, 그릇을 탕탕 치며 "왜 안 되는 거야!" 하고 소리쳤습니다. 저는 다가가 중재해 보려 했지만, 스스로 해내고 싶은 마음과 배고픔이 얽힌 주원이는 점점 더 짜증과 화를 냈고, 결국 징징거리며 울기 시작했습니다. 그 모습을 본 사람들은 수군거리기 시작했습니다.

"저 엄마는 대체 뭘 하는 거야."
"저런 애는 데리고 다니지 말아야지."

"혹시 발달장애가 있는 건가? 또래 아이들과 다르네."

저는 그저 아이를 끌어안고 달래며, 다시 잘 먹을 수 있도록 도와줄 수밖에 없었습니다. 남 일처럼 여기지 않고, '이 아이가 얼마나 힘들까.' 하고 한 번쯤 이해해 주는 사람은 아무도 없었습니다. 주변의 시선은 차갑기만 했고, 눈살을 찌푸리거나 불편한 표정을 짓는 사람들만 가득했습니다. 그래도 주원이는 끝내 자장면을 먹으며 자신을 이겨냈습니다. 하지만 잘 이겨낸 주원이에게 따뜻한 칭찬 한마디, 이해의 눈빛 하나를 건네는 사람은 없었습니다. 그런 시간들이 쌓이면서, 저 역시 서서히 지쳐갔습니다.

그러던 어느 날, 작은 기적 같은 순간이 찾아왔습니다. 평범한 오후, 저는 주원이와 함께 집에 들어섰습니다. 그날따라 주원이는 현관 앞에서 신발을 벗더니, 조심스럽게 신발장 앞에 나란히 놓았습니다. 늘 신발을 아무렇게나 벗어 던지던 주원이었기에, 그 모습은 저에게 너무도 놀랍고 특별하게 다가왔습니다. 저는 본능적으로 말했습니다. "주원아, 와! 네가 신발을 정리했네! 정말 멋지다!" 주원이는 순간 놀란 눈으로 저를 바라보다가, 이내 수줍게 웃었습니다. 그 웃음은 마치 이렇게 말하는 듯했습니다. "엄마, 나 잘한 거야? 엄마가 웃네. 나도 기분이 좋네. 이 기분은 뭐지?"

또 다른 날, 저는 주원에게 이렇게 말했습니다. "네가 할 수 있는 건 스스로 해야 해. 그러면 엄마가 약속한 보상을 줄게. 아침에 일어나 밥도 먹고, 약도 먹고, 학교에서 말썽부리지 않는다면 엄마도 약속을 지킬게. 그 대신, 약속을 어긴다면 네가 싫어하는 밤에 함께 자는 것도 없을 거야. 잘 생각해봐." 그렇게 말한다고 해서 아이가 곧바로 실천하는 것은 아니었습니다. 12년 동안 한 이불 속에서 함께 자며, 안쓰러워 받아주던 저였기에 단호해지는 것은 저에게도 쉽지 않은 일이었습니다.

처음에는 힘들어하던 주원이었지만, 혼자 잔다는 것이 얼마나 외롭고 힘든지 스스로 깨닫게 된 듯했습니다. '설마 엄마가 그렇게 하겠어?' 하고 생각했을지도 모릅니다. 하지만 말썽을 부리거나 나쁜 행동을 했을 때 저는 단호했습니다. 같이 자지 않는 것은 물론, 늘 도와주던 일들도 스스로 하게 했습니다. 밥을 차려주면 혼자 먹고, 먹은 그릇은 주방으로 가져다 놓게 했습니다. 샤워 후 입었던 옷도 스스로 세탁기에 넣게 했습니다. 작은 것부터 하나씩, 천천히 가르쳐 나갔습니다. 그럴 때마다 저는 주원이를 꼭 칭찬했습니다.
"잘했어, 주원아. 정말 잘했어." 그리고 다정하게 덧붙였습니다.
"내일도 엄마랑 한 약속을 잘 지키면, 네가 바라는 것들이 이뤄질 거야. 주원아, 이제는 네가 할 수 있는 건 스스로 해야 해. 힘들더라도 먼저 해보고, 안 될 때 '엄마, 도와주세요.' 라고 말하면 되는 거야. 우리 주원이는 할 수 있어."

주원이는 점점 달라지기 시작했습니다. 아침에 혼자 일어나 밥도 먹고, 약도 먹고, 학교에서도 아무 문제를 일으키지 않고 잘 다녀왔습니다. 물론 이런 일이 매일같이 이어진 것은 아니었습니다. 하지만 잘했을 때마다 조곤조곤 설명하고 칭찬해 주니, 주원이는 그 칭찬을 진심으로 기뻐했습니다. 그렇게 스스로가 할 수 있는 작은 성과를 매일 조금씩 이루고 스스로가 할 수 있다는 행복에 젖어 저에게 말했습니다.

"엄마, 오늘 말 잘 들었으니 같이 자도 돼요?"

"오늘은 잘했으니 같이 잘 수 있어."

주원이가 어눌하면서도 다닥다닥 이어서 말했습니다.

"그럼 주원이가 잘하면 같이 잘 수 있어요? 엄마 잘할게요. 말 잘 들을게요. 약도 잘 먹고 밥도 잘 먹고 잘할게요. 그러니 같이 매일 자요. 같이 안 자니까 너무 힘들었어요. 이렇게 같이 자서 감사해요. 엄마 사랑해요. 말 잘 듣는 주원이 할게요."

사실 저도 칭찬에 서툴렀습니다. 아이의 작은 성공을 제대로 인정하고 기뻐하는 법을 몰랐던 것 같습니다. 그런데 그 과정 속에서 저 역시 깨달았습니다. 처음에는 아이를 바꾸고 싶었습니다. 하지만 결국 변해야 했던 것은 저 자신이었습니다. 아이를 있는 그대로 바라보고, 잘하고 싶은 마음과 사랑받고 싶은 마음을 믿어주자 아이도, 저도 조금씩 달라질 수 있었습니다. 주원이는 더 자주 웃기 시작했고, 저 또한 세상을 조금은 덜 두려운 눈으로 바라볼 수 있게 되었습니다. **아이에게 필**

요한 것은 교정이 아니었습니다. 아이에게 정말 필요했던 것은 공감이라는 이름의 칭찬이었습니다. 저는 이제 더 이상 주원이를 '말썽꾸러기'로 부르지 않습니다. 세상을 배우고, 사랑을 표현하려 애쓰는 우리 주원이를 따뜻한 눈으로 바라보는 엄마가 되기로 다짐합니다.

> "아이를 키우는 최고의 방법은 그를 믿어주는 것이다."
>
> – 아브라함 링컨

[10화]

내 삶의 첫 번째 관객, 너
음악을 사랑하는 아이, 지휘자를 꿈꾸다

※

"엄마, 나는 지휘자가 되고 싶어."

악보도 못 보고, 악기도 잘 다루지 못하지만, 음악이 들리면 온몸으로 반응하는 아이. 우리 주원이는 오늘도 꿈을 '듣고' 자라고 있습니다. 자폐 스펙트럼 장애가 있는 아이들은 감각 자극에 매우 예민합니다. 세상의 소리, 분위기, 색감에 대해 독특한 반응을 보이곤 하지요. 제 아이 역시 그렇습니다. 특히 소리에 대한 민감도는 남다릅니다. 그중에서도 비행기 소리와 전철 소리를 유독 좋아합니다.

처음에는 단순히 반복되는 소리에 흥미를 보이는 줄 알았습니다. 그러나 점차 아이가 소리를 듣고 반응하는 방식 자체가 다르다는 걸 알게 되었습니다. 주원이는 음악을 사랑합니다. 아직은 악기를 다루거나 악보를 읽을 수 없지만, 음악을 듣고 기억하며 리듬에 맞춰 온몸으로 반응하곤 합니다. 음악이 들리면 얼굴이 환해지고, 익숙한 멜로디에 작은 율동으로 감정을 표현합니다. 그 모습은 마치 말보다 음악이 먼저인 아이 같았습니다. 말보다 음악에 먼저 반응하는 아이. 아이의 마음속에는 어쩌면 말로 다 전할 수 없는 언어가, 음악이라는 방식으로 피어오르고 있는지도 모르겠습니다.

아이의 꿈은 '지휘자'입니다. 소근육, 대근육의 발달이 아직 미숙하고 인지 발달도 느려서 악보를 해석하는 건 어렵지만 음악을 향한 사랑만큼은 누구보다 깊고 진실합니다. 그런데 사실 저는 가끔 두렵습니다. 이 아이의 재능이 내 품 안에서 시들지는 않을까, 제가 너무 조심스럽게 다루느라 놓쳐버리지는 않을까. 혹시 제가 놓치거나 부족해서 아이 안에 숨어 있는 가능성이 사라져 버리지는 않을까 두렵기도 합니다. 지휘자가 되고 싶다는 아이의 꿈 앞에서 저는 때로 작아집니다. 음악에 대해 많이 알지 못하는 엄마로서 그 감각을 어떻게 키워줘야 할지 막막할 때가 많습니다.

그러나 한 가지는 분명합니다. **제가 해줄 수 있는 일은, 주원이가 음악을 좋아하는 그 마음이 꺾이지 않도록 지켜주는 것입니다.** 열정이 자라날 수 있도록 기다리고 격려해 주는 것. 완벽한 선생님이 될 수는 없어도 누구보다 따뜻한 관객이자 조력자가 되고 싶습니다. 자폐 스펙트럼 아이들은 종종 세밀한 감각과 깊은 몰입, 뛰어난 집중력을 지니고 있습니다. 이처럼 특화된 감각은 예술, 특히 음악과 같은 창의적인 분야에서 놀라운 가능성으로 발현될 수 있습니다.

실제로 역사 속에서도 감각에 예민하고 몰입이 강했던 인물이 음악의 천재로 성장한 경우가 있습니다. 대표적으로 모차르트는 어린 시절 특정 소리에 강하게 반응하며 작곡에 몰두했고, 후대 학자들 중 일부는 그에게 자폐 스펙트럼 특성이 있었을 가능성을 제기하기도 했습니다. 단정할 수는 없지만, 감각의 세계를 통해 세상과 소통하며 그만의 언어로 아름다운 음악을 남겼다는 사실은 분명합니다. 주원이가 음악을 통해 세상과 연결될 수 있다면, 그것만으로도 이미 충분히 찬란한 기적 아닐까요? 주원이가 음악을 향한 깊은 감각이 있다는 사실 역시, 제가 더 주의 깊게 지켜보고 키워줘야 할 소중한 가능성입니다.

분야가 다르더라도, 어린 나이에 자신의 가능성을 발견하고 그 길을 걸어간 아이들의 이야기는 큰 울림을 줍니다. 배우 조승우 씨가 주연한 영화 〈말아톤〉을 기억하시나요? 자폐가 있는 한 청년이 마라톤이라는 고된 훈련을 통해 세상에 자신의 가능성을 보여준 이야기입니다. 그리고 그 중심에는, 그 가능성을 끝까지 믿어준 어머니가 있었습니다. 반복되는 연습과 좌절 속에서도 아들의 가능성을 놓지 않았던 엄마. 그 사랑은 단순한 훈련이 아니라, 기적을 만들어낸 '믿음'이었습니다.

우리 사회에는 지금도 보이지 않는 곳에서 아이의 가능성을 붙잡고 있는 부모들이 있습니다. 발달장애가 있다는 이유로 포기하지 않고, 작은 관심 하나에도 귀 기울이며 함께 걸어가는 사람들. 그들은 오늘도 세상의 무대 뒤에서, 가장 위대한 박수를 보내고 있습니다. 그 사랑이야말로 발달의 기적을 만드는 가장 든든한 힘입니다. 지휘자를 꿈꾸는 주원이는 아직 미완성의 악보 같습니다. 그러나 그는 음악이라는 언어로 세상과 소통하고, 자신만의 박자와 리듬으로 인생을 연주해 나가고 있습니다.

저는 믿습니다. 이 아이의 음악을 향한 사랑이 언젠가 기적을 동반할 것이고, 그 기적이 도전의 문을 열어줄 것이라고요. **발달장애가 있다고 해서 꿈꾸지 못하는 건 아닙니다. 다만 더딘 속도로, 조금 돌아가는 길을 걸을 뿐입니다.** 우리가 믿고 기다려준다면 아이들은 반드시 그 꿈 앞에 도착할 수 있습니다. 마음이 움직이셨다면, 우리 아이들의 느리고 아름다운 꿈에 함께 박수를 보내주세요.

> "음악은 마음으로 듣는 언어이며, 침묵을 가르쳐주는 첫 번째 스승이다."
>
> — 칼릴 지브란

[부록 3]

끝자락 마음의 질문들

함께 자라기 위해, 마음을 배우는 다섯 물음

누군가에게 들은 따뜻한 말의 온도가 나를 변화시킨 시간들이 있었나요? 칭찬 한마디가 마음의 문을 열고, 누군갈 지키기 위해 건강을 챙긴 순간들. 부재가 남긴 그리움 위에 손을 얹고, 놓친 아픔엔 늦은 미안함을 건네기도 했지요.

→ 가장 힘들었던 순간, 내 곁을 지켜준 사람은 누구였나요?
→ 그 관계를 통해 내가 배운 것은 무엇이었나요?
→ "너라서 다행이야."라고 말하고 싶은 사람은 누구인가요?
→ 나의 몸과 삶이 누군가의 버팀목이 된다고 느낀 순간이 있었나요?
→ 아직 전하지 못한 마음이 있다면, 지금 어떤 문장을 건네고 싶나요?

4부

흔들리며 단단해진 우리

"다름 속에서 단단함을 배우고,
특별함으로 성장하다"

[1화]

나를 안아주는 용기를 배우다
우울을 인정한 날, 버틸 힘이 생겼다

주원이는 같은 말을 반복하고 한 가지에 집착하며, 친구들과 자연스럽게 어울리지 못하고, 심지어 엄마인 저와도 마음을 나누지 못했습니다. 저는 비로소 아이가 '조금 다르다'는 사실을 인정해야만 했습니다. 그 순간부터 마치 모든 시계가 멈춘 듯, 저는 매일 아이가 보내는 작은 신호에 귀를 기울이며 살아왔습니다. 아이의 마음을 돌보느라 정작 제 마음을 돌보지 못했습니다. 매일 아이를 품었지만, 한 번도 저를 안아준 적은 없었습니다. 하지만 세상이 말하는 '특별한 아이'의 엄마로 산다는 일은, 제가 상상했던 어떤 삶과도 달랐습니다. 저는 매일 웃었고 또 울었으며, 아무렇지 않은 척을 반복했습니다. 그 마음을 누구에게도 털어놓지 못했습니다. 아이에게 평생 약이 필요할지도 모른다는 생각은 모든 책임이 제 탓이라는 죄책감으로 이어졌고, 그 무게는 끝이 없는 바다 같았습니다. 솔직히 말하자면, 저는 오랫동안 주원이를 있는 그대로 인정하지 못했습니다.

'혹시 잘못된 진단은 아닐까?'

'조금만 더 크면 나아지지 않을까?'

'혹시 제가 너무 예민한 건 아닐까?'

그렇게 자신을 속이며 버텼습니다.

인정하고 있다고 생각했지만, 마음 한구석엔 여전히 이런 질문이 남아 있었습니다. 왜 하필 우리 주원일까? 왜 내가 장애 아이를 키우고 있을까? 현실을 받아들이며 산다고 하지만, 세상 속에서 평범한 아이를 키우는 엄마와 아이를 보면서 늘 끊임없이 부러움이 올라왔습니다. 그리고 저는, 남들과 다른 삶을 부정하고 있는 건 아닌가 자책하게 되었습니다.

그러다 어느 날, 〈금쪽같은 내 새끼〉에서 배우 이상인 씨의 이야기를 보게 되었습니다. 그 안에 나온 이상인 씨의 아내, 금쪽이 엄마의 모습은 마치 제 마음을 그대로 비춰주는 거울 같았습니다. 아이를 향한 안타까움, 혼자 감정을 눌러가며 묵묵히 버티는 모습, 그리고 아무도 모르게 쌓여온 죄책감과 외로움까지. 그 모든 것이 저의 이야기처럼 느껴져서, 화면을 보는 내내 제가 힘들게 버티고 눈물로 보낸 시간들이 떠올라 눈물이 났습니다.

사실, 저는 괜찮다고 말했습니다. 주변에서 "아이 때문에 힘들지 않냐, 병원 도움을 받아보는 게 어떠냐?"고 물었을 때도 받아들이지 않았습니다. "제가 정신병이 있다고요? 제가 우울증이라고요?" 저는 비웃으며 인정하지 않았습니다. 그러다 이정희 선생님이 "주원 맘, 번아웃이 온 것 같다. 그냥 상담 한번 받아봐."라고 권유했습니다. 마지못해 주원이 다닌 병원에 가서 진료를 받았는데, 선생님이 말했습니다.

"우울증 중증입니다. 어떻게 버티고 계신 거예요? 아이를 위해서라도 약을 드셔야 합니다."

저는 한동안 우울증 약을 복용했습니다. 약을 먹으면 욱하는 감정은 덜해졌지만 반대로 제가 마치 환자처럼 느껴졌습니다. 우울증으로 정신과 치료를 받는 사실이 저에겐 받아들이기 쉽지 않았습니다.

그런데 의사 선생님이 이런 말을 했습니다.

"엄마가 우울하면 아이도 우울해져요."

그 말이 제 마음을 깊이 파고들었습니다. 그때는 남들 앞에서 아무렇지 않은 척했지만, 혼자 몰래 울곤 했습니다. 슬픈 드라마를 보다가 이유 없이 눈물이 흐르고, 잠든 아이 옆에서 조용히 마음을 쓸어내리며 참았던 밤이 셀 수 없이 많았습니다.

그런데, 이 감정은 스스로 노력한다고 해서 쉽게 나아지지 않았습니다. 웃음이 점점 사라지고 기쁨이 무엇인지 잊게 되는 날들. 저는 그런 나날을 견뎌왔습니다. 문득 거울 속에 낯선 제가 보였습니다. 무기력과 우울함이 켜켜이 쌓여, 저조차 알아보기 힘든 얼굴이 되어 있었습니다.

저는 괜찮지 않았습니다. 그럼에도 살아내고 있습니다. 그래서 이제는

매일 저에게 말합니다. '괜찮아, 오늘도 잘 버텼어.' 그 말 한마디가 무너진 저를 조금씩 다시 일으켜 세웁니다.

그럼에도 살아내고자 합니다. 누군가는 말합니다.

"엄마니까, 당연한 거 아니에요?"

하지만 아니에요. 당연하지 않습니다. 이렇게 매일 버티는 엄마도, 누구보다 치열하게 살아가는 사람입니다. 저는 지금도 여전히 흔들리고, 여전히 나약하지만, 그래도 오늘은 제 아이를 있는 그대로 바라볼 수 있는 하루가 되기를. 무너질 것 같은 이 마음속에서도 조금은 제 자신을 안아줄 수 있기를. 조용히 바라고, 또 바랍니다.

> **"용기란, 두려움에도 불구하고 계속해서 앞으로 나아가는 것이다."**
>
> — 넬슨 만델라

4부 흔들리며 단단해진 우리

[2화]

나는 사랑을 너에게 배웠다
서툰 엄마가 처음으로 말한 사랑

❖

 "'사랑해.'라는 말은 부모에게서만 들을 수 있는 너무나 귀한 말입니다. 반드시 가르쳐야 해요." 어느 날 TV에서 우연히 들은 오은영 박사님의 이 말이 제 마음을 깊이 흔들었습니다. 그날 이후 저는 생각에 잠겼습니다. 말이 느린 우리 아이에게 '사랑해.'라는 말을 알려줘도 될까? 알려준다 한들 의미를 제대로 이해할 수 있을까? 혹시 이 말마저 무거운 숙제가 되는 건 아닐까 하는 걱정이 앞섰습니다. 그저 안아주고 함께 있어 주는 것만으로도 충분하지 않을까 싶었습니다. 하지만 동시에 이런 생각도 들었습니다. '사랑해.'라는 말이, 아이의 세상을 조금 더 따뜻하게 만들어줄지도 모른다는 희망 말입니다. 그래서 저는 결심했습니다. 우리 아이에게 이 아름다운 말을 꼭 들려주기로요.
 그날부터 매일 아이에게 말하기 시작했습니다.
 "주원아, 엄마가 많이 사랑해."

처음엔 아이가 어리둥절한 표정을 지었고 그저 웃기만 했습니다. 말은 통하지 않아도, 우리는 이미 마음으로 이어져 있었던 것 같습니다. 그리고 이제는 그 마음을 말로도 전할 수 있게 되었습니다. 어느 날, 제가 "주원아, 사랑해."라고 말했을 때였습니다. 아이의 눈이 순간 동그랗게 커졌습니다. 놀란 눈으로 저를 바라보며 아이가 말했습니다.

"엄마, 고마워요. 엄마가 주원이를 사랑하는 것 같아요!" 저는 웃으며 물었습니다.

"주원아, 그게 무슨 말이야? 엄마가 주원이를 사랑하지 않는 것 같았어?"

그러자 아이는 고개를 끄덕이며 말했습니다.

"응, 엄마가 주원이 안 사랑하는 것 같았어. 혼내고 화만 내잖아요. 근데 엄마가 말해 주니까 주원이 기분 좋아요. 엄마가 주원이 사랑하는 것 같아요."

그 말에 저는 목이 메었습니다. 주원이가 얼마나 사랑받고 싶었는지 이제야 조금 알 것 같았습니다. 미련한 저는 말하지 않아도 제가 주원이를 얼마나 사랑하는지 알 거라고 생각했습니다.

"주원아, 엄마는 너를 많이 사랑해. 엄마가 표현을 잘 못해서 미안해. 엄마도 이런 말 하는 게 서툴러서 그래. 엄마도 너만 한 나이 때 할머니에게 따뜻한 말을 못 듣고 자라서, 말로 표현해야 한다는 걸 알지 못했나 봐. 미안해."

그날 밤, 아이가 잠든 후 저는 조용히 아이의 이마를 쓰다듬으며, 아이의 귀에 조심스레 속삭였습니다.

"주원아, 엄마가 많이 사랑해. 더 많이 안아주고, 더 많이 아껴 줄게. 미안해. 사랑한다, 아들아."

그 말을 하는 순간, 자고 있던 아이가 마치 들은 것처럼 웃으며 저를 꼭 안아주었습니다. 그리고 작고, 또렷하게 말했습니다.

"사랑해요."

그 한마디가 저를 무너뜨렸습니다. 너무도 따뜻하고, 깊고, 울컥하게 만든 한 마디였습니다. 어떤 영상에서 본 적이 있습니다. 밥 두 그릇에 각각 다른 말을 하며 실험한 영상이었는데, 한쪽에는 "사랑해." 같은 좋은 말을, 다른 한쪽엔 "싫어.", "짜증나."같은 나쁜 말을 했습니다. 같은 조건이었지만 좋은 말을 들은 밥은 멀쩡했고 나쁜 말을 들은 밥은 금세 상해버렸습니다. 식물에게도 마찬가지였다고 합니다.

그 영상을 떠올리며 깨달았습니다. 언어에는 분명 힘이 있다는 것을. **서툴고 느린 우리 아이도 '사랑해.'라는 말 한마디에 행복해하는 걸 보았습니다.** 이제는 저 자신에게도 그리고 우리 아이에게도 따뜻한 언어를 더 많이 말해 주겠다고 스스로 다짐했습니다. 그래서 요즘은 거울을 보며 연습도 해보고 스스로에게도 말해봅니다.

"수고했어."

"괜찮아."

"사랑해."

처음엔 어색했지만 자꾸 하다 보니 마음이 조금씩 풀리는 걸 느낍니다. 아이의 성장에 맞춰 제가 가르치는 것이 아니라, 아이가 저를 성장시키고 있다는 걸 느낍니다.

이 아이가 아니었다면, 저는 아직도 '표현'이 서툰 어른으로 남아 있었을지도 모르겠습니다. 어느 날 인스타그램에서 배우 차인표 씨의 짧은 영상을 보게 되었습니다. 정말로 좋아하고 사랑하는 친동생이 아파서 하늘나라로 가게 되었다고 합니다. 동생에게 사랑한다는 말을 표현하지 못한 걸 후회했다고 합니다. 그는 말했습니다.

"익숙한 현실에 속아서 하고 싶은 말, 하고 싶은 일을 자꾸 미루지 마세요."

그 일화를 보면서 저도 깨달았습니다. "난 원래 못해!" 하고 스스로 가두지 말고 습관과 행동을 바꾸자고요. 하나하나 도전하고 표현도 하며, 소중한 사람들에게 처음으로 "좋아해, 사랑해."라는 말도 해봤습니다. 웃으며 보고 싶었다고 안아주면서 표현하다 보니 어느덧 무뚝뚝하던 제가 변했습니다. 서툴던 마음의 표현이 조금씩 익숙해지면서, 무뚝뚝하던 저는 어느새 애교로 마음을 전하는 사람이 되어갔습니다.

이 모든 건 저 스스로의 노력도 있었지만, 결국 주원이가 저를 변화시킨 겁니다. 주원아, 우리 아가야, 고마워. 너를 만나서 엄마가 참 많은 걸 느끼고 배우고 있어. 넌 엄마에게 축복인 것 같아. 정말 고마워. 그리고… 사랑해.

> "부모의 사랑은 아이의 첫 언어다."
>
> – 오은영 박사

[3화]

단단한 엄마가 되는 길

흔들리던 마음에서, 단단한 엄마로

❊

아침 햇살이 눈부시던 어느 날, 아이와 함께 동네 마트를 향해 걸었습니다. 마트를 좋아하는 아이는 여느 때처럼 신이 나 있었고, 저는 아이의 속도에 맞춰 한 걸음씩 보조를 맞추고 있었습니다. 그런데 등 뒤에서 들려온 시선 없는 소리, 낮고 작은 말들이 제 발걸음을 멈추게 했습니다.

"왜 저래? 큰 애 같은데 하는 건 어린애처럼 행동하네?"

"엄마가 힘들겠다. 아이가 어디가 아픈가?"

그 말들은 호기심이 아닌 의심처럼, 걱정이 아닌 판단처럼 다가왔습니다. 순간 저는 아이의 손을 더 세게 움켜쥔 채 아무 말도 하지 못하고 고개를 숙였습니다. 아이는 여전히 환한 웃음을 짓고 있었지만, 제 마음에는 보이지 않는 멍이 번져갔습니다. 그리고 그 멍은 며칠이 지나도 쉽게 가라앉지 않았습니다.

주원이가 자폐 진단을 받은 날 이후, 세상은 전과 다르게 보이기 시작했습니다. 동네 놀이터, 엘리베이터, 지하철 안… 어디서든 저는 먼저 주위를 살폈습니다. 누군가가 불편한 기색을 보이기라도 하면, 괜히 제가 민망해졌습니다. 어느 순간부터는 이유 없는 '사과 아닌 사과'를 반복했고, 그런 제 모습에 스스로도 지쳐갔습니다.

"그래도 이 정도면 다행이지."

무심한 위로 한마디조차 마음 깊숙이 박혀 오랫동안 상처로 남았습니다. 저는 말을 삼키고, 표정을 감추며, 아이보다 먼저 움츠러들었습니다.

어느 날, 놀이터에서 아이가 제 손을 꼭 잡고 말했습니다.

"엄마, 나도 친구랑 놀고 싶어. 나도 저렇게 놀고 싶어."

그 한마디에 시간이 멈춘 듯했습니다. 그동안의 제 행동이 스쳐 지나갔습니다. 누군가의 시선이 느껴지면 아이를 제 쪽으로 감추듯 안았고, 질문을 받으면 둘러대거나 웃음으로 넘기기에 바빴습니다. 사실, 부끄러웠던 건 아이가 아니라 '상처받고 있는 나'였습니다.

아이에게 당당한 세상을 보여주고 싶다고 말해 놓고, 정작 저는 세상의 시선을 피하고 있었습니다. 그날 저는 결심했습니다. 아이를 지키고 싶다면, 무엇보다 먼저 저 자신이 바뀌어야 한다고.

이젠 누군가가 쳐다보아도 저는 웃습니다.

"우리 아이가 조금 다르긴 하죠. 그래도 귀엽죠?"
"그 말은 아줌마도, 우리 아이도 조금 아프고 속상한 말일 수 있어요."
가끔 주원이 또래 아이가 무심한 말을 건넬 때면, 숨지 않고 이런 말들을 합니다. 돌아오는 반응이 미안함이든, 무반응이든, 중요한 건 제가 더 이상 그 말에 흔들리지 않는다는 점입니다. 제 안에 자리 잡은 단단함은 쉽게 흔들리지 않는 보호막이 되었습니다. 그건 아이에게도 전해졌습니다. 아이도 예전보다 눈빛이 밝아졌습니다.

누군가는 엄마의 역할이 '아이를 지키는 것'이라고 말합니다. 하지만 저는 이제 압니다. 그보다 먼저, 엄마인 제 자신을 지키는 것이 우선이라는 것을요. **내가 단단해야, 아이도 세상 앞에서 두려워하지 않을 수 있습니다.** 오늘도 아이는 자신의 속도로 자라고 있습니다. 그리고 저 역시, 그 아이 곁에서 매일 조금씩 단단해지고 있습니다. 더 이상 시선에 흔들리지 않는, 담백하고 강한 엄마로.

사회의 시선보다 내 아이를 지킬 수 있는 사람은 바로 '나'라는 걸 알게 되었습니다. 엄마인 제가 먼저 단단해져야, 우리 아이도 보호받고 지켜지고 있다는 걸 느낄 수 있습니다. 그렇게 느낀 아이는 더 이상 뒤로 숨지 않고, 세상 앞에서 한 걸음씩 나아갈 수 있습니다. 잠든 아이를 보며 이런 생각을 합니다. 엄마가 먼저 걸어간 길을 따라오며, 너도 단단해지기를. 그리고 조금씩 너만의 세상으로 나아가기를.

이제라도 엄마가 깨닫고 너를 지키려 하는 게 너무 늦게 알게 되어서 미안해. 좀 더 빨리 알아차리고 곁에 있었다면, 너는 더 나은 오늘을 살고 있을 수도 있었을 텐데… 정말 미안해.

예전의 엄마보다 지금의 엄마가 더 좋다고 말해 준 너의 그 말이, 엄마에게는 참 고맙고도 미안한 말이었어. 매우 부족했던 엄마인데도, 그렇게 기다려 주고 또 기다려 줘서 고마워.

엄마가 너의 좋은 어른이 되어볼게. 엄마가 너의 엄마이자, 친구이자, 인생 선배이자, 세상에서 유일하게 너를 끝까지 지킬 사람이라는 걸 잊지 말아줘. 엄마는 너를 지키기 위해 앞으로도 계속 단단해질게. 그래서 널 언제나 지켜줄 수 있도록 말이야.

> "당신이 강해질수록, 당신 주위의 사람들도 강해진다."
>
> — 에크하르트 톨레

[4화]

아픈 엄마 곁에서 배운 기다림
"배가 없어요."라며 사랑을 전한 아이의 하루

❖❖❖

아이를 혼자 키운다는 건 누군가 대신해 줄 수 있는 일이 없다는 뜻입니다. 하루 세 끼 챙기는 일부터, 아이를 씻기고 재우고 달래는 것까지, 모든 게 '제가 아니면 안 되는 일'이기에 아프다는 말 한마디조차 쉽게 꺼낼 수 없습니다. 그날도 저는 몸을 제대로 가눌 수 없을 만큼 아팠습니다. 밤새 구토와 열로 시달렸고, 아침이 되자 고열로 온몸에 기운이 하나도 남지 않았습니다. 그 와중에도 겨우 정신을 붙잡고 주원이에게 아침을 챙겨 주었지만, 그 이후로는 도무지 몸을 일으킬 수 없었습니다. 점심도, 저녁도 챙겨줄 수 없는 하루. 그렇게 하루는 길고도 고단하게 흘러갔습니다.

하루 종일 먹지 못한 아이가 제 옆을 서성이며 저를 바라봤습니다. 저는 겨우 눈을 떠서 아이에게 말했습니다.

"주원아, 엄마가 너무 아파서 몸을 움직일 수가 없어. 조금만 기다려 줄래? 미안해."

그 한마디에, 아이는 그저 조용히 고개를 끄덕였습니다. 배가 고파도, 놀아달라고 조르지도 않고, 작은 몸으로 혼자서 그 시간들을 묵묵히 버텨냈습니다. 그 모습이 너무도 애틋하고 가슴이 미어졌습니다. 그렇게 시간이 한참 흘렀을 때, 아이의 한계가 다다랐는지 주원이는 제 곁으로 다가와 배를 까 보이며 말했습니다.

"엄마, 배고파요. 배가 없어요. 배가 아파요."

"엄마 아파요? 아프지 마요."

그 말에, 그 순수한 몸짓에, 가슴이 쿵 하고 내려앉았습니다. '배가 없어요.' 아이만의 방식으로 표현한, 배고픔과 엄마에 대한 걱정이 뒤섞인 한마디였습니다. 저는 겨우 눈을 떠, 아이를 보며 말했습니다.

"주원아, 엄마가 너무 아파서 미안해. 조금만 더 기다려줘. 곧 일어날게."

그렇게 한참을 아이와 눈을 마주하고 있자니, 눈물이 핑 돌았습니다. **엄마가 아프면 아이의 하루도 함께 멈춰 선다는 걸, 그 순간 뼈저리게 느꼈습니다.**

결국 배달 음식을 시켜 겨우 아이의 배를 채웠습니다. 혼자 소파에 앉아 먹는 아이를 바라보며, 고마우면서도 미안하고, 그 모든 감정이 뒤섞여 속으로 몇 번이고 말했습니다. '엄마가 아파서 미안해. 밥도 못

챙겨주고, 같이 놀아주지도 못해서 미안해. 엄마가 다음부터는 안 아플게. 정말 미안해.' 그렇게 잠이 들었고, 옆에서 놀던 아이가 어느새 제 옆에 조용히 누워 함께 잠든 모습을 보고 기운은 없어도 아이를 조심스레 끌어안았습니다. 아이의 따뜻한 체온에 또다시 눈물이 고였습니다. 혼자 육아를 하며 가장 서러운 순간은 바로 제가 아플 때입니다. 그 어떤 도움의 손길도 닿지 않고, 도와달라는 말조차 입 밖에 낼 수 없을 때. 제가 쓰러지면 아이도 함께 무너지게 되는 그 무게가, 벅차고 무서웠습니다.

다행히 친정 부모님이 약을 들고 찾아와 주셨지만, 그 모습이 오히려 더 서러웠습니다. 아이와 둘이 남겨진 밤, 아이에게 걱정을 들키지 않으려 조용히 눈물을 삼켰습니다. 그때 생각했습니다.
'신은 어쩌면 너무도 가혹하신 분일지도 모르겠다.' 이별의 아픔도 모자라, 왜 이토록 잦은 병마까지 저에게 주시는 거죠. 왜 아프면 안 되는 역할을 저에게 맡기셨을까!
그날 이후, 저는 다짐했습니다. 제가 무너지면 아이의 하루도 함께 무너진다는 사실을, 이제는 잊지 않겠다고요. 그럼에도 우리는 다시 일어납니다. 아이 때문에, 또 아이를 위해서요. 그리고 깨닫습니다. 아이는 우리를 통해 자라고, 우리는 아이를 통해 다시 살아간다는 것을요.

그래서 말하고 싶습니다. 오늘도 흔들리며 하루를 버티고 있는 모든 부모님께, 아파도 괜찮습니다. 완벽하려 애쓰지 않아도 괜찮습니다. 당신이 지금 이 자리에서 최선을 다하고 있다면, 그것만으로도 이미 충분합니다. **누구보다 단단하게 버티고 있는 당신, 그 존재만으로도 아이는 세상에서 가장 큰 사랑을 배우고 있습니다.**

> "사랑은 위대한 행위가 아니라, 끝까지 함께하려는 조용한 의자입니다."
> — 빅토르 위고

[5화]

사라진 아이, 다시 품에 안은 사랑

잃어버릴 뻔한 순간, 다시 품에 안은 기적

❁❃❁

　퇴근 후, 주원이를 데리고 교회에 말씀 공부를 하러 갔습니다. 그날도 평소처럼 아이를 교회 입구에 내려주고 저는 주차를 하러 갔습니다. 늘 다니던 길이었고, 주원이도 혼자 교실까지 잘 찾아갔기에 그날 역시 '괜찮겠지?' 하는 마음이었습니다. 그런데 주차를 마치고 교실 문을 열었을 때, 주원이가 보이지 않았습니다.

　"주원이요? 아직 안 왔어요."

　권사님의 말에 순간 머릿속이 하얘졌습니다. '분명 내려줬는데… 주원이는 지금 어디에 있는 거지?' 심장은 미친 듯이 뛰었고, 손이 덜덜 떨렸습니다.

　"주원이는요?" 그 말을 내뱉는 순간, 말씀 공부를 준비하고 계시던 권사님도 놀라서 자리에서 벌떡 일어나셨습니다. 권사님은 저와 함께 교회 안팎을 뛰어다니며 아이를 찾아주셨습니다. 저 역시 눈물이 앞을 가릴 만큼 다급했습니다.

"주원아! 주원아!"

목이 쉬어라 아이의 이름을 부르며 울고불고 뛰어다녔습니다. '혹시 사고라도 난 건 아닐까, 누가 데려간 건 아닐까.' 그 짧은 20분 동안 별의별 생각이 머릿속을 휘몰아쳤습니다.

다행히 카페에 있던 다른 엄마들도 제 다급한 외침을 듣고 함께 교회 주변을 찾아주셨습니다.

하지만 어디에서도 아이를 찾을 수 없었습니다. 결국 저는 너무 놀란 나머지 활동지원사 선생님께 전화를 걸었습니다.

"선생님, 주원이가 없어졌어요. 아무리 찾아도 안 보여요."

선생님 역시 깜짝 놀라셨고, 저와 함께 마음을 졸이며 걱정하셨습니다. 더는 기다릴 수 없다는 판단에 경찰에 신고했습니다. 경찰관이 도착해 교회 곳곳의 CCTV를 함께 확인했습니다.

그리고 마침내, 대강당 엘리베이터 안에서 꼼짝도 하지 않고 서 있는 주원이를 발견했습니다.

엘리베이터 안에서 발견된 주원이는 아무 말 없이 저를 바라보았습니다. 눈에는 놀란 기색이 역력했습니다. 익숙한 길이라 혼자 갈 수 있다고 생각했지만, 엘리베이터 문이 닫히자 너무 놀라 그대로 멈춰 서 있었던 겁니다. 그제야 숨이 턱 막히던 가슴이 조금씩 내려앉았습니다. 저는 아이를 꼭 끌어안고 한참을 울었습니다. 그 짧은 20분이, 제겐 영

원처럼 길게 느껴졌습니다.

   결국 경찰이 찾아준 주원이를 품에 안는 순간, '정말 다행이다, 정말 고맙다'는 생각이 밀려왔습니다. 그리고 동시에, 이런 생각이 스쳤습니다. '이 아이를 잃어버리면 나는 정말 못 살겠구나.' 너무 힘들던 어느 날에는, 순간적으로 '그냥 없어졌으면 좋겠다.'는 생각을 한 적도 있었습니다. 그만큼 지치고 벼랑 끝에 서 있던 날들이 있었으니까요. 그런데 막상 진짜로 아이를 잃어버릴 뻔한 그 순간, '아니야, 주원이 없이는 나도 살 수 없어. 나도 함께 무너질 거야.' 그 사실을 온몸으로 깨달았습니다. 그날 이후, 저는 아이를 잃어버린 부모들의 마음을 이해하게 되었습니다. 눈앞이 캄캄해지고, 세상이 무너지는 듯한 그 공포가 얼마나 깊은지 비로소 알게 되었습니다. 그래서 그날 밤, 조용히 기도했습니다.

   "하나님, 제 아이뿐만 아니라 세상의 모든 아이들이 부모의 품 안에서 안전하게 자라게 해주세요. 다시는 그 어떤 부모도 아이를 잃는 아픔을 겪지 않게 해주세요."

   '이제 두 번 다시, 당연함을 믿지 말자.' **그날 이후, 저는 주원이의 손을 단 한 순간도 놓지 않게 되었습니다.** 늘 다니던 길, 익숙한 공간이라도 방심하지 말자고 스스로 다짐했습니다. **우리가 무사히 하루를 보내는 일, 그것이야말로 가장 큰 기적이라는 것을 그날, 온몸으로 배웠습니다.**

"기적은 우리가 살아 있다는 그 자체다."

- 알베르 카뮈

[6화]

평범한 엄마, 글로 피어나다

작은 결심이 바꾼 인생의 방향

2024년 10월 28일, 제 인생의 전환점이 찾아왔습니다. 자폐가 있는 주원이를 키우면서 번아웃에 지쳐 있던 저는, 더 이상 이렇게는 살 수 없다는 생각에 삶의 탈출구를 찾기로 결심했습니다. "행복해지는 일을 해봐." 주변의 조언이 오히려 막막하게 느껴졌습니다. 사실 우울감이 너무 깊어, 무엇 하나 하고 싶은 마음조차 사라진 상태였으니까요.

그러다 문득 생각했습니다. '다른 사람의 도움 없이 내가 혼자 할 수 있는 게 뭐가 있을까?' 그 답은 독서였습니다. 지인의 권유로 '알리사 독서 모임'에 참여하게 되었고, 알리사 작가님이 진행하시는 그 모임에서 저는 책을 통해 잊고 있던 제 자신을 다시 만날 수 있었습니다.

처음엔 책 한 줄 읽는 것도 버거웠고, 졸음을 쫓으며 읽던 날도 많았습니다. 정해진 분량을 채우는 것조차 힘겨웠지만, 책 인증과 벌칙이라는 작은 장치들이 오히려 제게 꾸준함을 만들어 주었습니다.

   놀랍게도 **억지로 시작한 독서는 어느새 삶에 스며들어 자연스러운 습관이 되었고, 하루의 위로이자 기쁨이 되었습니다.** 그날의 작은 결심이 이렇게 큰 변화를 가져올 줄은 저조차도 상상하지 못했습니다.

   조용한 변화는 제 안에서 시작되었습니다. 사람들로 인해 지치고, 아이 때문에 힘들어 눈물짓던 날들. 그 모든 시간들이 저를 세상과 단절된 채 살아가게 했습니다.

'오늘만 버텨보자.'

   그렇게 하루를 견디던 제가, 어느새 조금씩 치유되고 있었습니다. 그리고 설명하기 어려운 자신감이 마음속에서 피어났습니다. 누군가를 향한 집착도 줄었고, '나도 할 수 있다.'는 긍정이 싹텄습니다. 이전엔 힘들 때마다 누군가에게 의지해야만 했던 제가, 이제는 스스로 감정을 다스리고 회복할 수 있게 되었습니다. 이 변화의 중심에는 독서와 글쓰기가 있었습니다.

   지인들에게 제 이야기를 나누며 위로의 전했을 때, 많은 분들이 "글을 써보라."고 말해 주셨습니다. 그러던 중 직장 의사 선생님이 '숨고'라는 앱을 추천해 주셨고, 그곳에서 김연준 작가님을 만나 일주일에 한 번 글을 배우기 시작했습니다.

   처음엔 낯설고 어렵게만 느껴졌지만, 조금씩 문장을 써 내려가는 일이 즐거워졌고, 좀 더 잘 쓰고 싶다는 욕심도 생겼습니다. 그 후 지인의 소개로 '슬초 브런치 3기' 수업을 듣게 되었습니다. 이은경 작가님의 지도 아래 브런치에 첫 글을 발행했습니다. 그리고 얼마 후, 브런치 작가 합격 메일을 받았습니다.

그 순간에 벅찬 감동은 지금도 잊히지 않습니다.

작가라는 이름, 그리고 또 다른 시작.
제가 '작가님'이라는 호칭을 듣게 될 줄은 정말 상상도 못 했습니다. 국어는 늘 어려운 과목이었고, 글을 잘 쓰지 못한다는 스스로를 가두며 살아왔기 때문입니다. 하지만 번아웃 속에서 저를 위로하기 위해 시작한 글쓰기는, 결국 제 인생을 다시 쓰게 한 힘이 되었습니다.
"아무것도 하지 않으면 아무것도 얻을 수 없다."
처음엔 오직 저 자신을 위해 시작했던 글쓰기가, 이제는 누군가에게 위로와 용기가 되는 통로가 되었습니다.

그리고 저는 브런치 작가라는 새로운 길 위에 서게 되었습니다. 주변에서 "멋지다.", "대단하다.", "작가님."이라고 불러 주실 때면 여전히 어색하고 쑥스럽습니다. 이제는 그 이름이 주는 책임과 무게를 감사히 받아들입니다. 제가 쓰는 글이 누군가의 하루를 버티게 하는 작은 힘과 따뜻한 위로가 되기를 바랍니다. 앞으로도 더 많이 읽고, 배우고, 써 내려갈 것입니다. 진심을 담은 이야기로, 오늘도 누군가의 마음에 닿기를 바라며 이 여정을 이어갑니다.

"작은 습관의 변화가 인생을 바꾼다."

— 제임스 클리어, 『아주 작은 습관의 힘』 중

[7화]

조금 늦어도 괜찮아
언젠가, '엄마, 있잖아.'로 시작되기를

✢

 아이와의 대화가 잘되지 않았던 시절이 있었습니다. 주원이는 제 눈을 잘 마주치지 않았고, 하고 싶은 이야기도 저보다는 외할머니나 활동지원사 이정희 선생님께 먼저 꺼냈습니다. 밥을 먹는 시간도 대화의 시간이 아니었습니다. 저는 피곤한 몸을 이끌고 패드를 보며 식사를 했고, 주원이는 TV나 스마트폰에 집중한 채 밥을 먹었습니다. 그런 일상이 너무 익숙해진 탓인지, 우리는 마주 앉아 있으면서도 점점 멀어지고 있었습니다.

 어느 날, 조심스레 주원이에게 물었습니다.
 "주원아, 왜 선생님이나 할머니한테는 다 얘기하면서 엄마한테는 안 해? 엄마도 듣고 싶어."
 그 말을 들은 주원이는 눈치를 보며 대답했습니다.

"알겠어… 할게요."

그날 이후, 주원이는 정말 조금씩, 아주 천천히 저에게 말을 건네기 시작했습니다. 모든 이야기를 쏟아내지는 않았지만 제 눈을 마주치고 "엄마, 있잖아요."로 시작하는 말이 하나씩 늘어갔습니다.

하지만 여전히 주원이는 집에서 활동지원사 선생님에게 모든 걸 말했습니다. 제가 곁에 있어도 "밥 주세요.", "이거 해주세요.", "오늘 학교에서 있었던 일이요." 그 모든 말은 저에게가 아니라 선생님에게 향합니다. 선생님은 아이에게 말해 주십니다.

"주원아, 엄마 옆에 있으니까 엄마한테 말해도 되잖아?"

그 말에 주원이는 잠깐 눈치를 보지만, 다시 선생님 쪽으로 몸을 틀며 이야기를 이어갑니다.

그 모습을 볼 때마다 제 마음 한켠이 뻐근해집니다. 엄마인 나는 왜 아이에게 가장 편한 사람이 되지 못했을까? 내가 너무 바쁘고 너무 지쳐 있어서 아이와의 소통보다 내 생존을 우선시했던 건 아닐까? 생각해 보면 주원이는 한동안 자주 말썽을 피우곤 했습니다. 소리를 지르거나 물건을 던지고, 감정을 조절하지 못해 떼를 쓰는 일이 반복되었지요. 그때마다 저는 감정적으로 반응했고, 큰소리를 내며 아이를 다그쳤습니다. 그 순간들 속에서 주원이는 '엄마는 무섭고, 혼내는 사람'이라고 여겼을지도 모릅니다. 무서운 사람에게는 누구도 마음을 쉽게 열 수 없다는 사실을, 그제야 깨달았습니다.

누군가는 저에게 이렇게 말한 적도 있습니다.
"당신은 아이를 거저 키우는 것 같아요."
그 말이 칼처럼 가슴을 찔렀습니다. 새벽 5시에 출근해 오후 6시에 퇴근하고, 아이를 먹이고 씻기고 재우는 일상이 반복된 나날들. 그 시간 동안 저는 아이와 눈을 맞출 여유조차 없었습니다. 주원이는 장애가 있고, 그래서 저는 더 많은 관심과 돌봄이 필요하다는 걸 알고 있었습니다. 하지만 현실은 늘 버거웠습니다. 지친 하루의 끝에서 저는 말수도 줄었고, 아이와 감정을 나누는 것보다는 그저 하루를 버텨내는 데 집중했습니다.

그래서였을까요? 아이는 엄마에게 속마음을 털어놓기보다는, 혼내지 않을 사람에게 마음을 건네는 법을 배워갔는지도 모르겠습니다. 그러나 이제는, 조금씩 바뀌어 가고 있습니다.

아이와 눈을 맞추고, 주원이가 좋아하는 관심사로 대화를 시작하며, 잠들기 전 이불 속에서 작은 이야기 하나라도 꺼내 듣고자 애쓰고 있습니다.

서툴러도 괜찮다고, 조금 늦었어도 괜찮다고 스스로를 다독이며 저는 아이의 마음 앞에 조용히 서 있습니다. 정말 간절히 바라는 것이 있습니다. 언젠가 주원이가 선생님에게 하듯 저에게도 시시콜콜한 이야기를 들려주는 날이 오기를 바랍니다. **기쁘고, 슬프고, 억울하고, 화나**

는 그런 모든 감정을 "엄마, 있잖아."라는 말로 시작해 주기를 바랍니다. 그날을 위해 저는 오늘도 제 마음을 먼저 열어보려 합니다. 아이에게 조금 더 따뜻한 한마디를 먼저 건네려고 노력해 볼 것입니다.

> "사랑은 오래 참고, 온유하며, 모든 것을 참으며 기다린다."
> − 고린도전서 13:4-7

[8화]

오직 우리 둘만의 기념일

둘이서 만드는 특별한 날

❈

특별한 날이 오면 마음이 먼저 움츠러듭니다. 어린이날, 크리스마스, 연말처럼 세상이 '가족'이라는 이름으로 반짝이는 날이면, 사람들 속으로 들어가기가 괜히 더 망설여집니다. 아이 손을 잡고 놀이공원에 가는 부모들, 사진 속에서 웃고 있는 네 식구, 다섯 식구. 그 따뜻한 풍경을 보면 저도 모르게 이런 생각이 스칩니다.
'나는 왜 이런 삶을 살고 있을까?'
'내가 뭘 잘못한 걸까.'
어느새 저 자신이 초라하게 느껴지고, 작아지고, 슬퍼지고, 무너집니다. 그리고 그 감정은 아이에게도 전해집니다.

주원이가 가장 좋아할 날조차도 우리는 집 안에만 머무르게 되고, 저는 아이에게 미안한 마음을 꾹꾹 눌러 담은 채 조용히 하루를 견디곤 했습니다. 주원이가 아빠 이야기를 하면 "아빠 이야기는 더 이상 하지 말자."고 했습니다. 그러면 주원이는 그런 엄마의 마음을 눈치챘는지 아빠의 이야기를 더 이상 하지 않았습니다. 아마 주원이는 그런 엄마의 마음을, 어쩌면 더 깊이 느끼고 있었는지도 모릅니다.

어느 날, 아이가 말했습니다.
"엄마, 나도 아빠랑 놀고 싶어."
놀이터에서 아이와 웃고 있는 아빠, 드론을 날리는 아빠를 바라보며 주원이는 제 손을 꼭 잡았습니다.
"나도 저렇게 놀고 싶어. 나도 아빠랑 드론 하고 싶어."
저는 웃으며 "그렇구나!"라고 말했지만, 속에서는 무언가가 조용히 부서지는 소리가 들렸습니다.

며칠 후, 주원이는 또다시 조용히 물었습니다.
"엄마, 아빠는 왜 어디 간 거야?"
"주원이가 보고 싶지 않은 걸까? 왜 나 보러 오지 않아…?"
저는 차마 대답하지 못했습니다. 그저 아이의 손을 꼭 잡고 말했습니다.
"아빠는 멀리 있지만, 주원이를 사랑하는 마음은 가까이 있어. 그리고 엄마는 항상 네 옆에 있을게."
그 말이 위로가 되었을까요? 주원이는 고개를 끄덕였고, 자는 그 모습을 보며 깨달았습니다. 이 아이가 감당하고 있는 '그리움'은, 제가 느끼는 외로움보다 훨씬 크고 무겁다는 것을.

아이의 말 속엔 '그리움'이라는 두 글자가 고스란히 담겨 있습니다. 그리움을 당장 채워줄 순 없지만, 저는 생각했습니다. 지금 이 삶 속에서도 우리만의 방식으로 하루를 특별하게 만들 수 있지 않을까 하고요.

그래서 올해는 결심했습니다. '우리 둘만의 기념일'을 만들자고요.
남들과 같은 방식은 아니어도, 남들과는 조금 다른 색깔일지라도 우리 둘이 함께 웃고, 먹고, 걷고, 도전하며 기억을 만들어가자고요. 어린이날엔 둘이서 좋아하는 음식으로 소풍을 가고, 크리스마스엔 트리를 꾸미며 버킷 리스트를 나눠 적고, 연말엔 둘만의 축하 카드를 써보는 겁니다. 그렇게 하나씩, 우리 둘의 기념일을 늘려가는 거죠.

지금은 아직 서툴고 느릴 수 있지만, 언젠가 이 시간들을 돌아보며 우리 둘 다 이렇게 말할 수 있을 거예요.
"그래도 우리, 잘 견뎠고 잘 살아냈어."

"시간이 지나면 모든 고통은 추억으로 변한다."
— 마크 트웨인

[9화]

특별함이 만든 우리의 길

나와 아이가 함께 성장해 가는 여정

언제부터인가 사람들과 어울리는 모임에 나가면, 하고 싶은 이야기가 있어도 말을 꺼내지 못하게 되었습니다. 처음에는 몰랐습니다. 아픈 아이를 키운다고 해서 제 삶이 달라진 것은 아니라고 생각했습니다. 하지만 지금 돌이켜보면, 그것은 저만의 착각이었는지도 모릅니다. 저를 포함한 많은 이들의 삶이 다 쉽지는 않겠지만, 주변을 둘러보면 제 삶처럼 복잡하고 무거운 현실을 마주한 사람은 많지 않았습니다.

그래서였을까요? 평범한 일상의 이야기조차 저에게는 너무 멀고, 낯설게 느껴지곤 했습니다. 자연스럽게 대화 속에서도 스스로 작아지고, 끼어들 수 없는 순간들이 잦아졌습니다. 식당에서 편하게 식사하는 일조차도 조심스럽고, 사람들의 시선이 무겁게 느껴지는 일상이 되다 보니 해외여행은 생각조차 하지 못합니다. "혹시 비행기 안에서 또 무슨 일이 생기진 않을까?"

　예측할 수 없는 돌발 상황을 두려워하는 마음에, 일상적인 친구들의 여행 이야기에도 끼지 못하고 저는 그저 조용히 듣기만 하는 사람이 되어 버렸습니다.

　병원 동료들이 성과금이나 월급으로 명품 가방을 샀다는 이야기를 들을 때도, 왠지 모를 마음의 울림이 있었습니다. 명품을 사고 싶은 욕심이 있어서가 아니라, 아이의 치료비로 인해 꿈꿔보지도 못한 세계이기에 그 일상이 너무 멀게만 느껴졌던 것입니다. 저는 늘 아이의 치료 이야기, 힘든 일상, 미안했던 일밖에는 꺼낼 수가 없었습니다. 그런 이야기가 공감되지 않을까 봐, 혹은 제 이야기로 친구들이 아파할까 봐 차라리 입을 다무는 쪽을 택했습니다. 그로 인해 점점 자신감이 줄어들고, 누군가에게 피해를 주고 있다는 생각에 자연스럽게 "괜찮다.", "아무 일 없다."는 말로 마음을 감추게 되었던 것 같습니다.

　아이 덕분에, 저는 장애와 관련된 이슈에 관심을 갖게 되었습니다. 예전에는 그냥 스쳐 지나갔을 이야기들이 이제는 마음에 남고, 아프고, 또 무겁게 다가옵니다. 그래서 그런가 봅니다. **이제는 저처럼 아픈 아이를 키우는 엄마들에게 마음을 나누고, 그 아이들에게 위로가 되는 이야기를 글로 전하고 싶어졌습니다.** 저를 가르치는 글쓰기 선생님은 우연히 '숨고'에서 만나게 되었습니다. 처음엔 장애와는 전혀 관련이 없을 것 같은 분이라 생각했지만, 그분은 복지관에서 장애인들에게 글쓰기를 가르치고, 수어를 배우며, 장애인과 함께하는 삶을 실천해 오신 분이었습니다. 그분을 만나 이야기를 나누며, 무너진 제 마음이 위로받고, 잊고 있던 용기를 되찾을 수 있었습니다. **세상은 때로 냉정하지만, 그 안에서 마음을 다해 살아가는 분들의 이야기를 들으면 저도 다시 일어서고 싶어집니다.**

저는 어릴 때 발달장애는 없었지만 조금 느리고 독특한 부분들이 있었습니다. 수업이 지루하면 조용히 교실을 나가 운동장에서 혼자 놀기도 했고, 선생님조차 저를 이해하지 못해 엄마가 학교로 오셨던 적도 있습니다. 그때는 단순히 '지루함'이 전부였지만, 그 짧은 소외의 경험이 저에게 상처가 되었습니다. 그 기억이 있어서일까요? 지금 우리 아이가 겪는 마음을 조금은 더 깊이 이해할 수 있게 되었습니다. 아이를 낳기 전까지는 언제나 '제'가 우선이었습니다. 하지만 자폐 아이를 키우면서 저는 많이 울고, 많이 웃고, 사람을 잃고, 저를 돌아보게 되었습니다. 그 과정에서 제가 누군가에게 무심코 던졌던 말과 행동을 반성하게 되었습니다. 이제는 누군가의 입장에서 먼저 생각하게 되고, 진심을 담아 배려하는 사람으로 성장해 가고 있습니다.

이 일이 아니었다면 저는 아마 지금도 철없는 엄마로 남아 있었을지도 모릅니다. 하지만 이제는 제가 먼저 손 내밀고, 아이를 키우며 얻은 감정과 깨달음을 다른 엄마들과 나누고 싶습니다. 그리고 함께 말하고 싶습니다.

"엄마들도, 아이들도 충분히 잘하고 있다."고. "우리 함께 울고, 웃고, 살아가자."고 말입니다.

지금 이 글을 쓰는 저는 역시 여전히 힘든 날이 있고, 짜증도 나며, 왜 이런 고난을 주셨냐고 하나님께 토로하고 싶은 순간도 있습니다. 하지만 어느 순간 문득 생각하게 됩니다.

"이 삶이야말로 특별한 삶이구나."

오늘 하루, 저는 우리 아이를 껴안으며, 세상에서 가장 특별한 삶을 살아가고 있다고 다짐합니다. 그리고 같은 길을 걷는 장애 아이를 키우는 모든 엄마들과 장애 아이들에게 이 말을 전하고 싶습니다.

"오늘도 특별하게 살아가는 엄마, 아이들아. 우리는 분명히 축복입니다. 잊지 마요."

> **"다름은 결코 결핍이 아니다. 그것은 세상을 더 넓게 보는 또 하나의 창이다."**
> – 스티븐 코비

[10화]

다름은 틀림이 아닌 또 하나의 길이다
주원이와 함께 깨달은 다름의 가치

✧✿✧

"우리 아이는 ADHD와 자폐 스펙트럼을 가진 발달장애 아이예요."

결국엔 이 말을 꺼내기까지 오랜 시간이 걸렸습니다. 그 이유는 인정이 너무나 어려웠기 때문이었습니다. 한동안은 그 말조차도 하지 못한 채, 숨기고 외면하며 살았습니다. 자폐라는 단어에 붙어 있는 '장애', '병'이라는 낙인이 너무 무겁게 느껴졌기 때문입니다. 하지만 시간이 흐르고, 주원이를 키우며 살아온 날들이 쌓이면서 저는 알게 되었습니다. 자폐는 주원이가 세상을 바라보고 느끼는 방식이 조금 다를 뿐이라는 것을요. 그리고 그 다름은 결코 틀림이 아니었습니다. 자폐는 병이 아니었습니다. 오히려 주원이는 세상을 섬세하고 특별한 시선으로 바라보는 아이였습니다.

주원이는 청각이 매우 민감합니다. 제가 놓친 냉장고 모터 소리나 비행기 소리, 자동차 소리를 단번에 알아차리기도 하지요. 반면 어떤 날은 공중화장실의 물 내려가는 소리에 지나치게 예민해져, 고개를 돌리고 귀를 막아 버리기도 합니다. 처음엔 그런 모습이 걱정스럽기만 했습니다. 그러나 곧 알게 되었습니다. 주원이는 소리를 통해 세상을 느끼고 있었고, 그 방식은 우리가 흔히 말하는 '정상'과는 다를 뿐, 그 자체로 하나의 감각적 개성이었습니다. 글쓰기 선생님이 가르치는 초등학생의 아버님 직업이 발달장애인 사회복지사인데, 그분이 근무하시는 복지관의 목표가 "장애를 하나의 개성으로 보자."라는 것이었다고 합니다. 그 말을 들으며, 저 역시 '장애를 바라보는 시선'이 달라지기 시작했습니다.

심지어 조선시대에선 장애인을 학대하거나 죽이는 자에게 가중처벌이 있었으며, 세종 3년에 장애인과 병자를 우선적으로 돌보라고 할 정도로 장애인에 대한 정책이 있었다고 합니다. 장애와 상관없이 능력을 중시했고, 숙종 때 우의정으로 지낸 윤지완은 한쪽 다리가 없었음에도 숙종에게 신임을 얻어 장애인도 자립할 수 있도록 직업을 가질 수 있게 하기도 했다고 합니다. 장애가 있다 해도 충분한 능력과 개성이 있으면 인정하고 일할 수 있게 도움을 주었다고 합니다. 저 또한 저희 아이를 보면서 각자만의 개성과 특별한 다름이 있다는 걸 알게 되었습니다.

예를 들어 주원이는 패턴을 좋아합니다. 일정한 순서와 반복 속에서 안정감을 느끼지요. 그래서인지 작은 변화에도 큰 스트레스를 받곤 합니다. 그 모습을 보며 저는 처음에는 왜 저렇게 예민할까 생각했습니다. 하지만 시선을 바꿔보니, 그만큼 질서와 규칙을 중요하게 여기는 성향을 가진 아이라는 걸 알게 되었습니다. 주원이가 만들어낸 질서 안에는, 혼란스러운 세상 속에서도 자신만의 균형을 유지하려는 노력이 고스란히 담겨 있었습니다. 이처럼 주원이를 통해 **저는 자폐가 하나의 '병'이나 '장애'가 아니라, 그저 조금 다른 개성임을 배워가고 있습니다.**

저는 바랍니다. 장애 또한 하나의 개성으로 존중받아, 누구와도 자연스럽게 어울릴 수 있기를. 그 다름을 존중해 줄 때, 아이는 자신의 세계 속에서 꽃을 피웁니다. 주원이는 관심 있는 물건이나 소리는 놀라울 만큼 잘 기억하고, 관심 있는 분야에서는 집중력이 탁월합니다. 저는 그 재능을 조금씩 발견할 때마다 아이 안에 숨겨진 가능성을 응원합니다. 자폐를 개성으로 받아들이게 되니 제 시선도 변했습니다. 이전에는 '무엇이 부족한가?'에 집중했다면, 지금은 '무엇이 특별한가?'를 찾습니다. 이 변화는 곧 저 자신을 돌아보는 시간이기도 했습니다. 나와 다른 누군가를 이해하는 연습, 그 다름을 품어내는 연습을 매일 주원이를 통해 하고 있으니까요. 솔직히 주원이를 만나기 전까지, 저 역시 장애가 있는 사람들을 보면 어색했고, '하나의 질병'이라고 단정짓곤 했습니다. 더 솔직히 말씀드리자면 '특별하다.', '나랑 다르다.'라고 선을 그었던 제 시선이 참 어리석었다는 걸 깨달았습니다.

아마 우리 아이가 아니었다면, 저는 절대 깨닫지 못했을 겁니다. 물론 아직도 아주 심한 장애가 있는 분들을 마주할 때면 저도 모르게 당황하거나 움츠러듭니다. 하지만 이제는 다릅니다. 그분들의 아픔을 조금은 이해하게 되었고, '다름'을 있는 그대로 인정하려고 노력하고 있습니다. 장애를 안쓰럽게 바라보는 시선보다 더 중요한 건, 우리 사회가 그 다름을 어떻게 바라보느냐에 달려 있습니다.

나 역시 그랬듯, 많은 사람들은 아직도 자폐나 장애를 '불편한 존재'로 여기고, 피하려 합니다. 하지만 이제는 바뀌어야 합니다. 자폐는 특별하거나 이상한 것이 아니라, 그저 다른 삶의 모습입니다. 우리가 그 다름을 품고 존중할 수 있을 때, 비로소 더불어 사는 세상이 시작됩니다.

한국 자폐인 사랑협회 김용직 회장님은 이렇게 말씀하셨습니다.

"자폐는 병이 아닙니다. 인간이 세상을 살아가는 또 다른 독특한 방식입니다. 사회가 이 다름을 어떻게 이해하고 포용하느냐가 더 중요합니다."

그 말은 제 삶을 관통하는 말이기도 했습니다. **문제는 아이가 아니라, 그 아이를 바라보는 우리의 시선이라는 것.**

주원이가 저에게 가장 먼저 가르쳐준 진실이었습니다. 자폐는 또 다른 삶의 모습이며, 그 자체로 존중받아야 할 '개성'입니다. 우리가 서로의 개성을 인정하고 존중할 때, 우리 사회는 더 넓고 포용력 있는 공간이 될 수 있습니다. 주원이를 통해 배운 가장 큰 교훈은, 다름은 불편함이 아닌 아름다움이라는 사실입니다. 우리가 서로의 다름을 안아줄 수 있다면, 이 세상은 훨씬 더 따뜻해질 것입니다.

> "자폐는 병이 아닙니다. 인간이 세상을 살아가는 또 다른 독특한 방식입니다."
>
> — 김용직(한국 자폐인 사랑협회 회장)

[부록 4]

끝자락 마음의 질문들

특별함 속에서, 더 단단해지기 위한 다섯 물음

작은 계기들이 방향이 되고, 망설임이 용기로 바뀌던 날들이 있습니다. 서툰 마음도 모이면 사람을 움직이고, 결국 관계와 삶을 새롭게 짓습니다. 누구에게나 있는 조용한 기념일을 떠올리며, 달라져 온 나의 시간을 부드럽게 이어봅니다.

→ <u>스스로를 인정하기까지 가장 힘들었던 순간은 언제였나요?</u> 그 과정에서 배운 점은 무엇인가요?

→ 말 한마디가 내 삶이나 관계를 바꾼 경험이 있나요? 지금의 나에게 어떤 힘으로 남아 있나요?

→ 작은 계기가 내 삶의 큰 변화를 이끌었던 순간은 언제였나요? 그 변화가 어떤 길을 열어 주었나요?

→ 내가 먼저 변해 누군가에게 용기를 준 경험이 있나요? 그 경험이 내 삶을 어떻게 단단하게 했나요?

→ 어떤 일을 겪고 나서 단단해졌다고 느낀 적이 있나요? 그 단단함이 지금의 나에게 어떤 영향을 주고 있나요?

5부

결국 우리는 꽃을 피운다

"끝내 피어난 희망,
그리고 세상을 향한 목소리"

[1화]

고통 속에서 피어난 마음
분노의 기도 끝, 감사의 고백

❖❖❖

　하나님 아버지. 사실 저는 하나님께 항의도 하고 원망도 많이 했습니다. 왜 하필 저였는지, 왜 제 아이여야 했냐고, 차라리 죽여 달라고, 아이와 함께 다 끝내고 싶다고 울부짖던 날이 많았습니다. 하나님을 믿어도 제 삶은 불행했고, 그 불행은 끝이 없다고 느껴졌습니다. 그래서 믿음을 놓으려 했습니다. 모든 분노와 절망은 고스란히 제 아이에게 향했습니다. 저에게 보내 주신 아이에게 모진 말을 퍼붓고, 때리기도 했습니다. 아이가 저에게 모든 불행의 근원이라고 생각한 적도 있습니다. 숨 쉬는 것조차 버거운 하루하루였습니다.

　저는 늘 생각했습니다. 14층 베란다 앞에 서서, "그냥 뛰어내리면 이 고통이 끝나지 않을까." 그런 생각을 수없이 되뇌었습니다. 그렇게 저는 무너졌습니다. 어떤 날은 울면서 하나님께 말했습니다.

　"대체 왜요? 왜 저의 주원이어야만 했어요? 이게 제가 감당할 수 있는 고통인가요? 남들처럼 평범한 삶, 평범한 아이를 키우고 싶었을 뿐이에요. 그저 평범하게 살게 해 달라고 기도했을 뿐인데 그렇게 큰 욕심이었나요? 제발, 제발 저희 아이 좀 고쳐 주세요! 제발요."

하지만 지금 돌아보면, 그 모든 고통 속에서 하나님은 저를 더 깊은 세계로 이끌고 계셨던 것 같습니다. 아이를 통해 배우고 느끼라고, 내가 미처 몰랐던 진실 앞에 서 보라고, 그래서 더 단단해지고, 더 깊어지라고 말씀하고 계셨던 건 아닐까요? 고등학교 시절 홀트 아동복지시설에 입양을 기다리는 아기들을 돌보던 친구의 집에 간 적이 있었습니다. 그곳에서 처음 구순열이 심한 아기를 보았을 때, 저는 마음속으로 이렇게 생각했습니다.

'나와는 상관없는 일이다.'
'나는 장애가 있는 아이를 낳지 않을 거야.'
또 김포 같은 시골 동네에는 절대 살지 않겠다고 다짐했고, 행복한 가정을 꾸릴 거라고, 장애 아이를 키우는 삶은 제 몫이 아니라고 단정 지었습니다.

그런데 하나님은 그 말 하나하나를 꼭 기억하시듯 제가 부정하던 것들을 모두 제 삶 속에 이루어 주셨습니다. 처음엔 억울하고 화도 났습니다. 왜 제가 그렇게 피하고 싶어 했던 현실을 정면으로 마주하게 하셨는지요. 하지만 이제는 알 것 같습니다. 그 일이 없었다면 저는 여전히 '나'만 생각하며 살았을지도 모릅니다. 검진센터에서 일하며 늘 스스로를 점검했고, 건강하다는 자부심에 아이 또한 무탈하게 태어날 거라 믿었습니다.

그러나 장애가 있는 아이를 낳고 나서야 알게 되었습니다. 건강하게 아이를 만나 평범하게 살아가는 것이 얼마나 큰 축복인지, 그리고 제 곁의 모든 이들이 얼마나 소중한 존재인지 깨닫게 되었습니다. 또한 고통 속에서도 타인을 배려하고 말을 아끼며, 사소한 것들에도 감사할 줄 아는 사람이 되어가고 있습니다.

제 자신도 중요하지만 다른 이들의 고통에 공감하는 법을 배우게 되었습니다. 세상이 얼마나 냉정한지, 고난이 어떤 얼굴로 다가오는지 알지 못했다면 저는 어른이 되지 못했을지도 모릅니다. **주원이를 만나고, 제 삶은 완전히 달라졌습니다.**

아이가 아니었다면, 저는 지금의 저로 자라지 못했을 겁니다. 마음이 부서지고, 무너지고, 포기하고 싶었던 그 시간들 속에서 저는 철이 들었고, 비로소 '사랑'이라는 감정을 온전히 배웠으며, 어른이 되어갔습니다. 그래서 이제는 고백합니다.

"하나님 고맙습니다." 처음엔 왜 저냐고 물었지만, 지금은 **'주원이라서 다행'이라고요.**

제가 한없이 철없고 무모했던 시절부터, 늘 제 옆에서 기다려 주시고 이런 모순 가득한 삶을 통해 진짜 삶의 의미를 깨닫게 해 주셔서 감사합니다.

이제 저는 기도합니다. 하나님, 제가 좋은 그릇이 되게 해주세요. 주원이를 통해 배운 사랑과 깨달음이 더 많은 사람들에게 전해질 수 있게 해주세요. 주원이처럼 아프고 힘든 약한 사람들을 돌보고, 그 아이를 돌보는 부모들에게 위로가 되는 한 줄기 빛이 되게 하여 주소서. 그리하여 저의 삶과 글이 누군가의 어두운 하루를 비추는 작은 등불이 될 수 있도록 인도해 주세요. 그리고 무엇보다, 이 모든 여정의 시작이자 끝이신 하나님께 다시 한번 고백합니다. 감사합니다. 그리고 사랑합니다.

> "하나님은 고난을 통해 우리가 누구인지, 무엇을 믿는지를 묻고 계십니다."
> – C.S. 루이스

[2화]

아이의 집은 곧 엄마다
집이란, 마음 놓고 살아갈 수 있는 곳이어야 하기에

우리는 자주 말합니다. "집이 제일 편해야 해." 그런데 그 '편안함'이 누구를 위한 것인지, 저는 자주 되묻게 되었습니다. 아이에게 기준을 두고 집을 선택해야 하는지, 아니면 부모인 저를 기준으로 선택해야 하는지. 주원이는 감정을 조절하는 데 어려움이 있는 아이입니다. 기분이 좋으면 몸을 움직이며 표현하고, 속상하면 갑작스러운 울음과 행동으로 감정을 드러냈습니다. 우리가 살고 있는 경기도 김포는 비행기 소음이 잦은 곳입니다. 주원이는 하늘을 나는 비행기를 무척 좋아했습니다. 그런데 연달아 비행기가 지나가지 않으면 불안해하며 외쳤습니다.

"왜 안 와! 왜 안 와!"

그렇게 울며 방 안을 쿵쿵 뛰어다녔고, 손에 닿는 물건들을 던지며 힘들어했습니다. 깨지는 물건들, 바닥에 울리는 소리. 그 소리는 곧 아랫집으로 전해졌고, 얼마 지나지 않아 초인종이 울렸습니다. 화난 표정의 아랫집 부부가 문 앞에 서서 말했습니다.

"자제 좀 시켜 주세요. 너무 힘듭니다."

그들의 말은 틀리지 않았기에, 아이보다 먼저 제가 고개를 숙일 수밖에 없었습니다. 아이는 화난 이유나 원하는 바를 말로 풀어내지 못했습니다. 그래서 물건을 내던지거나 바닥을 쿵쿵 울리며 감정을 드러냈고, 그 소음이 곧 아랫집으로 전해졌습니다.

그 후로 저는 매트를 여러 겹 깔고, 아이를 달래며 조심 또 조심했습니다. 그러나 작은 쿵쿵 소리에도 이웃은 찾아오거나 전화를 걸어왔습니다. 저는 매일같이 주원이를 향해 "뛰지 마, 살살 걸어, 소리 나니까 그러지 마!" 하고 소리쳤습니다. 그럴 때마다 제 마음은 무너졌습니다. 아이가 웃으며 뛰어놀고 싶은 본능조차 억누르며 살아가야 하는 것이 과연 옳은 일인지, 어린아이에게 감정을 누르며 살게 하는 것이 맞는지, 스스로에게 수없이 되묻게 되었습니다.

그러던 어느 날, 저는 결심했습니다.

'이 집은, 더 이상 우리 아이가 살아갈 수 있는 공간이 아니야.'

그렇게 우리는 같은 동네 안에서, 아래층이 없는 필로티 구조의 집으로 이사했습니다. 이사 후 놀랍게도, 아이의 반응은 달라졌습니다. 새로운 집은 비행기가 눈에 보이지 않는 위치였기에 시선 자극이 줄어들었고, 아래층이 없으니 뛰는 소리를 더 이상 걱정하지 않아도 됐습니다. 그제서야 아이는 조금씩 안정을 찾아갔고, 저 역시 긴장을 내려놓을 수 있었습니다.

어느 날, 주원이가 저를 바라보며 말했습니다.

"엄마, 여기서는 안 혼나도 돼요?"

그 말에 저는 말없이 아이를 꼭 안아주었습니다.

"그래, 여기서는 괜찮아. 여기서는 혼나지 않아도 돼. 여기서는 숨을 쉴 수 있어."

돌이켜보면 조금만 더 일찍 결정을 내렸더라면 어땠을까 싶습니다. 그 집은 남편의 부재와 주원이의 불안, 그리고 번아웃에 시달리던 저의 시절이 얽혀 있던 공간이었습니다. 그 시절, 저는 늘 지쳐 있었고 아이도 그런 저를 힘들게 바라봤을지도 모릅니다. 이사를 하고 나서야 우리는 서로를 조금 더 이해하게 되었습니다. 소아정신과와 ABA 센터에서도 새로운 환경으로 옮기면 변화가 생길 거라며, 비행기가 잘 보이지 않는 곳으로 이사하라고 권했습니다. 그 말이 이사를 결심한 이유가 되기도 했습니다.

이사 후 저는 책을 읽기 시작했고, 글을 쓰기 시작했습니다. 주원이는 특수학교에 입학하며 서서히 자기 자리를 찾아갔습니다. **집이 달라지니 아이가 달라졌고, 아이가 달라지니 저도 다시 살아갈 힘을 얻었습니다.** 이제는 분명히 말할 수 있습니다.

집은 단순히 머무는 공간이 아니라, 아이가 마음 놓고 살아갈 수 있는 곳이어야 한다는 걸요. 아이가 감정을 자유롭게 표현한다는 것은 편안하게 숨을 쉴 수 있는 공간을 가진다는 의미와 같습니다. 앞으로 또다시 이사를 하게 된다면 그 기준은 언제나 주원이가 될 것입니다. 아이의 눈빛이 편안해지고, 웃음이 번지는 곳. 그곳이야말로 우리가 살아가야 할 진짜 집이라는 것을 이제는 분명히 알고 있습니다.

> "집은 몸을 쉬게 하는 곳이 아니라, 마음을 놓는 곳이어야 한다."
>
> — 도종환

[3화]

차별 없는 세상을 향한 외침

복지 사각지대 속 부모의 싸움, 그리고 우리가 바꾸어야 할 제도와 인식

❊❊❊

장애 아동을 키우는 부모가 된다는 것은, 우리가 상상하는 것보다 훨씬 더 복잡하고 차가운 현실과 마주하는 일입니다. 장애 진단을 받은 후, 국가에서 제공하는 복지 시스템은 생각만큼 실질적인 도움이 되지 않는 경우가 많고, 지원은 자동으로 제공되지 않습니다. 결국 부모가 정보와 행정 절차를 하나하나 스스로 찾아가며 해결책을 찾아야 합니다.

가끔은 담당 기관의 직원조차 정확한 정보를 주지 못합니다. "그건 저희 관할이 아닙니다.", "정확한 사항은 확인 후 연락드리겠습니다." 같은 답변 사이에서 부모는 다시 스스로 길을 찾을 수밖에 없습니다. 실제로 장애 아동을 위한 지원 제도는 존재하지만, 현실적인 한계도 큽니다. 장애 정도에 따라 지원이 결정되지만, 이 과정에서 아이의 실질적인 어려움이 제대로 반영되지 않는 경우가 많습니다. 인지 능력이 양호하더라도 감각과민, 충동조절장애 등으로 일상생활이 어려운 아이도 있습니다. 반대로, 어려움이 비교적 경미한데도 제도의 허점 때문에 혜택이 과도하게 제공되는 사례도 있습니다. 장애 판정 시점, 부모의 정보력이나 경제력 등에 따라 혜택이 달라지는 현실은 매우 불공정하게 느껴집니다.

활동지원 서비스에서도 적절한 인력 배치가 중요합니다. 주원이는 충동성과 돌발행동이 있어 남성 활동지원사가 더 안전할 때가 있지만, 한부모인 저로서는 낯선 남성이 가정에 출입하는 상황이 불편하고 걱정됩니다. 그래서 같은 성별 매칭, 가정 내 안전교육, 정기 슈퍼비전 같은 제도적 보완이 필요합니다. 실제로 경험이 부족한 활동지원사가 돌발상황에 적절히 대처하지 못해 중도에 일을 그만둔 사례도 있었습니다. (활동 중 아이가 민감한 신체 부위를 툭툭 치는 등). 이런한 문제는 가정의 노력만으로 해결되기 어렵습니다. 활동지원 인력에 대한 체계적, 지속적 교육과 현장 지원이 병행되어야 합니다.

경제적인 부담도 큽니다. 치료비, 교육비, 돌봄 서비스 비용 등으로 인해 많은 가정이 큰 지출을 감당해야 합니다. 그럼에도 부모의 소득이 기준을 초과하면 혜택에서 제외되는 구조는 오히려 중간계층을 더 어렵게 만듭니다. 특히 활동 보조 및 발달지원 시스템은 대기자도 많고 개인 부담금도 있어 소득이 적은 가정에는 큰 장벽이 됩니다. 또한 사회적 인식도 여전히 부족합니다. 아이와 외출했을 때 받는 시선, 통합 교육 속에서의 소외, 공공장소에서의 오해들은 장애 아동 부모가 밖에 나가는 것 자체를 두려워하게 만듭니다. 그러나 현실은 여전히 차별적인 시선과 구조 속에서, 장애 아동과 그 부모를 벼랑 끝으로 몰고 있습니다.

장애인과 비장애인이 자연스럽게 어울리는 사회를 만드는 것이 절실합니다. 우리는 장애를 단점으로 보는 것이 아니라 개성으로 받아들이는 사회적 분위기 전환이 필요합니다. 아이를 키우는 부모는 '혜택'을 원하지 않습니다. 단지 아이가 존중받으며 살아갈 수 있는 세상, 차별받지 않고 통합될 수 있는 환경을 원할 뿐입니다.

한때 뉴스에서 봤던 강서 특수학교 설립 갈등처럼, 교육조차 자유롭지 못한 현실 앞에서 우리는 더는 침묵해서는 안 됩니다. **장애 아동을 위한 복지와 제도는 단순히 도움의 차원이 아닌, 아이들이 함께 살아갈 수 있는 사회를 위한 최소한의 조건입니다.**

저는 오늘도 포기하지 않고 목소리를 냅니다. 우리 아이를 위해, 같은 길을 걷는 부모들을 위해. 이 길의 끝에서 모두가 함께 살아가는 따뜻한 세상이 열리기를 바랍니다.

> "사회는 약자를 위해 존재할 때 가장 인간답다."
> – 자크 아탈리

[4화]

버티는 하루가, 웃는 하루가 되기까지
작은 실내화에 담긴, 큰 바람 하나

※

내일이면 주원이가 5학년이 됩니다. 새 학기가 시작된다는 설렘보다는 걱정이 먼저 올라옵니다. 학용품을 챙기고, 실내화를 가방에 넣으며 한숨이 절로 새어 나옵니다. 아이가 학교에서 긴 시간을 어떻게 견딜지 생각하면 마음이 무겁습니다. 조심스레 아이에게 물었습니다.

"내일 5학년 첫날인데, 기분이 어때?"

아이는 말없이 한숨을 내쉬더니 짧게 말했습니다.

"학교 가기 싫어."

그러고는 제 어깨에 기대어 안겼습니다. 그 작은 체온이 닿는 순간, 저는 아무 말도 할 수 없었습니다.

학교는 아이들에게 배움과 우정이 피어나는 곳이어야 합니다. 하지만 제 아이에게 학교는 '배움'보다는 '버팀'의 공간입니다. 하루 종일 낯선 환경 속에서 친구도 없이 혼자 있는 시간이 많습니다. 다른 아이들은 수업이 끝나면 쉬는 시간마다 친구들과 어울려 장난을 치지만, 제 아이는 그 시간을 어떻게 보내야 할지 몰라 혼자 자리에서 멍하니 앉아 있겠지요. 저는 바랍니다. 아이가 학교에서 행복하길, 친구들과 함께 웃을 수 있길. 하지만 현실은 그렇지 않습니다. 아이를 키우면서 수없이 많은 밤을 고민 속에서 보냈습니다. 이 아이가 앞으로 사회 속에서 친구도 사귀고, 스스로 삶을 꾸려 갈 수 있을까요? 혼자서 이 세계를 헤쳐 나갈 힘을 키울 수 있을까요?

그리고 지금, 더 큰 고민이 다가왔습니다. 이제 곧 중학교 진학을 결정해야 합니다. 일반 중학교에 보낼지, 아니면 특수학교를 선택할지. 어떤 선택이 아이를 위한 길일까요? 일반 중학교에서 또래 친구들과 어울릴 기회를 주고 싶지만, 그곳에서 혼자가 되어버린다면 아이는 더 힘들지 않을까요? 특수학교에서는 아이의 속도에 맞춰 배울 수 있겠지만, 사회에 적응할 기회가 줄어드는 것은 아닐까요? 이런 고민은 저만 하는 것이 아닙니다. 장애가 있는 아이를 키우는 모든 부모가 매일 같은 고민을 합니다. 학교를 보낼 때마다 걱정이 앞서고, 아이가 조금만 힘들어해도 가슴이 미어집니다. 다른 부모들은 아이가 학교에서 친구들과 어떤 놀이를 했는지, 어떤 공부를 했는지 듣는 게 일상이지만, 저희는 "오늘은 잘 버텼을까?"를 먼저 생각합니다. 그저 아이가 무사히 하루를 보내고 돌아오길 바라는 게 유일한 소망이 됩니다.

저녁 늦게 아이의 실내화를 챙기면서 다시 한번 깊은 한숨이 나왔습니다. 저는 아직도 받아들이지 못하고 있는 걸까요? "만약 우리 아이가 평범하게 태어났다면?" 그랬다면 아이는 학급에서 자연스럽게 친구를 사귀고, 쉬는 시간마다 친구들과 어울려 놀았겠지요. 집에 돌아오면 "엄마, 오늘 학교에서 이런 일이 있었어요!" 하며 조잘조잘 이야기했을 것입니다. 저는 아이의 말에 맞장구치며 미소 짓고 있었을 테지요. 그러나 삶은 제가 계획한 대로 흘러가지 않았습니다. 아이는 저에게 왔고, 저는 이 아이의 엄마가 되었습니다. 그리고 우리는 이렇게 하루하루를 살아가고 있습니다.

내일 아이는 또다시 긴 하루를 버텨야 합니다. 저는 바랍니다. 아이가 잘 해내길. 친구들과 조금이라도 가까워질 기회가 생기길. 조금씩 세상과 소통할 수 있기를. 그리고 언젠가 아이가 학교에서 있었던 일들을 저에게 조잘거리며 이야기하는 날이 오기를. 올 한 해, 아이가 잘 해낼 수 있기를. 저는 오늘도 기도하는 마음으로, 작은 실내화를 조용히 가방에 넣습니다.

> "교육은 한 사람을 세상과 연결해 주는 다리다."
>
> — 존 듀이

[5화]

특수학교, 우리에게 열린 또 하나의 문

내 아이에게 맞는 길을 찾기까지

❖❖❖

특수학교라는 이름은, 저에게 오랫동안 막연한 거리감과 두려움을 주는 단어였습니다. 주원이가 경계선에 있는 발달장애 아동이기에, 늘 '이 정도면 일반 학교에서도 충분히 가능한 거 아닐까?' 생각해 왔습니다. 특수학교는 왠지 너무 빠른 선택 같았고, 아이의 세상을 더 좁혀버리는 일처럼 느껴졌습니다. 그래서 그 문을 두드릴 엄두조차 내지 못했습니다.

그러나 주원이가 초등학교 5학년에 진급할 무렵, 그동안의 누적된 고민들이 제 마음을 더 이상 피할 수 없는 자리로 몰고 왔습니다. 주원이는 점점 웃음을 잃어가고 있었습니다. 등교 전 "오늘 학교 가기 싫어."라는 말이 하루도 빠지지 않았습니다. 수업을 마치고 돌아오는 아이의 얼굴에는 피로와 스트레스, 그리고 말로 표현할 수 없는 무거운 감정들이 쌓여 있었습니다. 학교라는 공간이 아이에게 배움의 장소가 아니라, 버텨야 하는 하루가 되어가고 있다는 걸 직감했습니다. 그때, 다행히도 주원이를 지켜보던 특수교사 선생님이 조심스럽게 말을 꺼내 주셨습니다.

"주원이 어머니, 주원이는 특수학교 쪽이 더 잘 맞을지도 몰라요. 가능하다면 지원 한번 해보세요. 이번에 5학년에 특수학교 재배치 한 자리가 생겼다고 합니다. 이런 기회는 쉽게 오지 않아요. 혹시 모르니 지원서를 작성하는 게 좋을 것 같아요."

사실 그 말은, 제가 이미 속으로 수없이 되뇌고 있었던 이야기였습니다. 하지만 누군가의 확신이 덧붙여지니 마음속 어둠이 조금씩 걷히는 느낌이었습니다. 그러나 한 가지 망설이게 했던 건, 주원이가 어릴 때 다니던 정신과 선생님의 조언이었습니다. 그분은 특수학교에 대해 이렇게 말씀하셨습니다.

"그곳에 가면 아이가 오히려 퇴행할 수 있어요. 일반 학교에서 또래들과 어울리며 조금이라도 더 자극받는 것이 좋습니다."

그 조언을 들은 후, 저 역시 마음을 다잡았습니다. 특수학교는 다른 방법이 모두 소진된 뒤에야 선택할 곳이라고 생각했습니다. 제게는 마지막 수단처럼 여겨졌습니다.

그럼에도 불구하고, 점점 더 지쳐가는 아이를 보며 마음속에 잠들어 있던 선택지를 조심스레 다시 꺼내 들게 되었습니다. 한편 특수학교 진학은 일반적인 진학 루트와 달리, 신청-추천-평가 과정이 복잡하고 경쟁률도 매우 높았습니다. 주원이는 7:1의 경쟁률이라 가능성도 낮아 보였습니다. 하지만 학교에서도 적극적으로 지원해 주었고, 특수교사 선생님이 주원이가 평소 보여준 학교생활과 특이 행동들을 꼼꼼히 정리해 주셨습니다. 저와 활동지원사 선생님도 마음을 다해 지원서를 작성했습니다. 한 글자, 한 문장에 엄마의 간절함과 선생님의 애정이 담겨 있었습니다.

그리고 마침내, 주원이는 그 어렵다는 특수학교에 합격했습니다. 그 소식을 들었을 때, 믿기지 않을 만큼 기뻤지만 한편으로는 두려움도 함께 밀려왔습니다. '내가 정말 잘한 결정일까?', '아이에게 맞을까, 괜한 선택은 아닐까?' 입학 첫날, 주원이는 "왜 다니던 학교는 안 가?" 하며 속상하다고 말했습니다. 낯선 건물, 전혀 다른 수업 방식에도 학교를 마치고 돌아온 아이는 해맑게 웃으며 말했습니다.

"엄마, 오늘 학교 진짜 재미있었어." 저는 순간, 눈물이 핑 돌았습니다.

그날 이후 주원이는 예전과는 전혀 다른 얼굴로 등교하고, 다른 발걸음으로 집에 돌아왔습니다. 무리하게 긴 수업을 참아내느라 지쳐 있던 표정은 사라지고, 스스로 학교에서 있었던 일들을 이야기하며 "나 잘했지?" 하고 말하는 아이가 되어 있었습니다. **특수학교는 주원이를 억누르는 곳이 아니라, 주원이가 피어나는 곳이었습니다.**

개별화된 교육계획에 따라 아이에게 맞춘 수업과 활동이 진행되었고, 주원이는 교실 안에서 자신의 속도에 맞춰 자랄 수 있었습니다. 자기 힘으로 약속을 지키고, 감정을 조절하려는 모습도 늘어났습니다. 선생님들은 끊임없이 아이를 관찰하고 피드백을 해 주었고, 활동지원사 선생님도 "요즘 주원이가 참 밝아졌어요."라는 말을 여러 번 반복했습니다. 그 이야기를 들을 때마다 '왜 진작 보내지 않았을까, 내가 너무 늦게 깨달은 건 아닐까?' 하는 후회도 밀려왔습니다.

특수학교는 저의 두려움을 이겨낸 선택이었고, 아이에게는 새로운 삶의 문을 열어준 기회였습니다. 만약 이런 환경이 5학년이 아닌 1학년 때부터 주어졌더라면, 아이는 더 많은 시간 동안 즐겁고 안정된 교육을 받을 수 있었을지도 모릅니다. 그리고 동시에 생각했습니다. '왜 특수학교가 운 좋으면 갈 수 있는 학교가 되어야 할까?' 7:1의 경쟁률은 이 제도의 부족함을 여실히 보여줍니다. **특수학교는 더 이상 예외적인 아이들을 위한 공간이 아니라, 우리 사회가 반드시 마련해야 할 정규 교육의 일부가 되어야 합니다.**

발달장애 아동이 점점 늘어가는 지금, 저와 같은 부모가, 그리고 수많은 아이들이 이런 고민 앞에서 너무 오랫동안 방황하지 않도록 기회는 더 넓게, 더 많이 주어져야 합니다. 주원이는 오늘도 웃습니다. 제가 아닌 자신의 힘으로 웃는 아이의 모습을 보며 저는 말없이 고개를 숙입니다. 그 선택은 두려움이 아닌 희망이었습니다. 그 희망은 오늘도 제 아이 안에서 자라고 있었습니다.

> "진정한 용기는 편안함을 버리고, 옳은 일을 선택하는 것이다."
>
> — 마야 안젤루

[6화]

당신은 우리 삶에 스며든 기적
한 사람의 사랑이, 두 생명을 일으켰습니다

주원이가 초등학교에 입학하던 해, 가장 큰 고민은 등하교 문제였습니다. 친정어머니의 도움을 받기엔 한계가 있었고, 직장에서도 연차를 더 낼 수 없는 상황이었습니다. 주원이 아빠가 없는 현실 속에서 언제까지 부모님께 도움을 청할 수도 없는 날들을 마주하니 막막함이 밀려왔습니다. 그때 발달증진센터에서 "장애인 등록증이 있다면 활동지원사를 신청할 수 있다."는 소식을 들었습니다. 망설임 없이 행정복지센터에 달려가 필요한 서류를 준비해 신청을 마쳤습니다. 며칠 뒤 이용 승인 우편이 도착했고, 곧 활동지원기관을 찾아 전화를 걸었습니다.

"안녕하세요. 활동지원사 선생님을 지원받고 싶어서 연락드렸습니다."

"아이가 몇 살인가요?"

"올해 여덟 살이에요. 학교 등하교를 도와주실 분이 필요해요. 손이 많이 가는 아이인데, 정말 좋은 분이셨으면 좋겠어요."

며칠 후 기관에서 연락이 왔습니다.

"어머니, 지원해 주실 분을 모시고 댁에 찾아 뵙겠습니다."

그렇게 만난 첫 번째 활동지원사님은 안타깝게도 주원이와의 호흡이 맞지 않아 오래 함께하지 못했습니다. 하루에도 수십 번 죄송하다는 말을 반복했고, 결국 "이제는 더는 어렵겠다."는 말을 듣게 되었습니다. 그 말을 들은 날, 저는 또다시 연차를 내야 했습니다. 며칠 뒤 기관에서 다시 전화가 걸려왔습니다.

"어머니, 정말 좋은 분을 찾았어요. 아이 이야기도 모두 들으셨고, 함께 해보시겠다고 하셨어요."

그렇게 우리 집을 찾아온 두 번째 활동지원사, 그분이 바로 지금까지 우리 곁을 지켜주고 계신 이정희 선생님이십니다.

첫인상은 강렬했습니다. "안녕하세요. 저는 포기를 모르는 사람입니다. 주원이가 학교생활을 잘 할 수 있도록 도와드릴게요. 함께 잘해봐요." 자신감 넘치는 눈빛 속에서 저는 알 수 있었습니다. 이분이라면 주원이의 세계에 빛이 되어줄 수 있겠구나. 그런 확신이 마음 한편에 자리 잡았습니다.

그러나 시작은 결코 쉽지 않았습니다. 하루에도 수없이 물건을 던지고, 뜻대로 되지 않으면 징징거리며 울부짖던 주원이는 때로는 선생님을 향해 손찌검을 하기도 했습니다. 저조차 감당하기 힘든 날들이 이어졌고, 선생님은 하루에도 수없이 상처를 입으셨습니다. 그럼에도 선생님은 단 한 번도 포기하지 않으셨습니다.

"이 아이는 반드시 좋아질 거예요. 저는 그렇게 믿어요. 함께 노력해 봅시다."

그 믿음은 말이 아니라, 매일의 행동과 기다림으로 증명되었습니다. 주원이가 울 때마다 등을 두드려 주시고 제 마음이 무너질 때마다 "괜찮아요."라며 다독여 주셨습니다.

주변 지인들과 가족은 선생님께 그만두라고 말했습니다. "그만두세요. 왜 그런 힘든 아이를 계속 보세요. 그 아이 엄마가 하면 될 일이에요. 힘들면서 보시는 걸 정말로 이해할 수 없어요." 하지만 선생님은 신앙의 힘과 사랑의 마음으로 우리 모자를 놓지 않으셨습니다. 선생님도, 저도 하루하루가 지옥 같았던 시절이 있었습니다. 주원이를 사랑하는 마음 하나로 버텨야 했던 나날들. 하루에도 몇 번씩 울고 또 울며 서로의 눈물을 닦아주던 그 시간들이 우리를 지금의 자리로 데려다 주었습니다.

그렇게 흘러온 세월이 어느덧 5년이 되었습니다. 선생님도 포기하고 싶었던 순간들이 있었고, 서로 울며 "힘들다"고 말하던 날들도 있었습니다. 그럴 때마다 다시 마음을 다잡고 "그래도 주원이와 함께하겠다."는 믿음으로 버텨 오셨습니다.

저를 위해 숨 돌릴 구멍이 필요하다며 "가끔은 친구도 만나고, 엄마도 엄마답게 살아야지." 하며 주원이를 봐주시던 날도 있었습니다. "주원 엄마도 살아야지, 책도 읽고 글도 써봐요." 하며 용기를 북돋워 주시던 날도 있었습니다. 제가 아파서 누워 있는 날에는 "오늘은 좀 쉬세요. 제가 볼게요." 하며 아이를 대신 돌봐주시기도 했습니다.

그 따뜻한 손길 하나하나가 제 삶의 숨이자 버팀목이 되어 주었습니다. 말로 다 나열할 수 없을 만큼 고마운 일들이 너무 많았습니다. 그 손길 덕분에 저는 무너질 듯한 날들 속에서도 다시 일어설 수 있었습니다. 살다 보면 어려운 순간마다 저를 도와주는 손길들이 있습니다. 그 중에서도 선생님의 손길은 제 삶을 다시 '엄마'로 그리고 '나'로 세워준 은혜였습니다. 누구나 살아가다 보면 돌아보았을 때, 나에게 손을 내밀어 준 그런 고마운 분들이 있을 거라 생각합니다. 저에게는 그 분이 바로 이분이셨습니다. **신은 우리에게 버틸 수 있는 고통만을 주시고, 힘들 때 손을 내미는 고마운 사람을 통해 아직 삶이 아름답다는 사실을 깨닫게 해주시는 것 같습니다.**

이제 우리는 서로에게 가족 같은 존재가 되었습니다. 선생님은 주원이의 선생님이자 저의 위로자이자 삶의 동행자이십니다. 선생님은 '일'을 하신 게 아닙니다. 선생님은 사랑을 선택하셨고, 그 사랑이 우리를 여기까지 데려다주었습니다. 장애 아이를 돌보는 일은 결코 '일'로만은 할 수 없습니다. 진심이 없으면 버틸 수 없고, 사랑이 없으면 함께할 수 없습니다. 선생님은 '일'이 아닌 '사명'으로 이 길을 걸어오셨습니다. 그 모든 날의 끝에서 저는 확신합니다. **선생님은 우리 모자의 삶에 스며든**

기적이었습니다. 하나님께서 보내주신 한 사람의 사랑이, 이렇게 두 생명을 다시 살렸습니다.

"선생님, 힘든 모든 순간들을 저와 함께하며 울고 웃어 주셔서 감사합니다. 포기하고 싶은 날도 많았을 텐데, 그때마다 주원이와 저를 안쓰럽게 바라보시며 우리 두 모자를 향한 따뜻한 마음으로 함께해 주셔서 고맙습니다. 하나님께서 선생님을 보시고 그 헌신과 사랑에 분명 큰 축복 주시리라 믿습니다. 저 또한 앞으로 더 나은 삶을 살게 된다면, 선생님처럼 힘들고 아픈 이들에게 손을 내밀며 살아가겠습니다. 누군가에게 위로가 되고, 희망이 되는 그런 주원 엄마가 되겠습니다. 선생님은 저에게 귀인이자, 삶의 고마운 은혜이십니다. 그리고 미안하고, 정말로 감사합니다."

> "우리는 모두 위대한 일을 할 수는 없지만, 위대한 사랑으로 작은 일은 할 수 있습니다."
>
> – 마더 테레사

[7화]

생애 첫 생일파티
친구와 웃는 날의 기적

※

많은 아이들 속에서, 늘 조금 다르게 기억되는 아이가 있습니다. 주원이는 수업 중 자주 일어났고, 갑작스레 소리를 지르거나 혼자 다른 세상에 있는 것처럼 행동했습니다. 어떤 날은 웃음이 멈추지 않았고, 어떤 날은 누구의 눈도 마주치지 않았습니다. 처음엔 '왜 저럴까?'라는 시선으로 바라보았지만, 시간이 지나면서 주원이는 '이상한 아이', '문제아', '별종'이라는 이름으로 불렸습니다.

주원이는 네 살 때부터 어린이집에 다녔고, 그 이후 유치원과 초등학교를 거치며 또래 아이들과 함께 생활했습니다. 그 시간 동안 주원이는 자신만의 속도로 세상을 살아가려 애썼습니다. 하지만 사회는 주원이가 가진 '다름'을 포용하기보다, 이렇게 묻기 일쑤였습니다.
"너는 왜 가만히 있지 못하냐!"

"왜 화를 참지 못하냐!"

"왜 넌 우리랑 달라서 문제를 일으키냐고!"

"너 때문에 우리가 얼마나 힘들지 알아. 제발 문제 좀 일으키지 마!"

그 긴 시간 동안 주원이는 참 많이 애쓰고 견디며, 홀로 외로워했습니다.

초등학교에 들어가고 나서도 상황은 달라지지 않았습니다. 함께 뛰어놀 친구는 없었고, 생일을 함께 축하해주는 반 아이도 없었습니다. '친구'라는 단어는 주원이에겐 너무나 멀고도 낯설었고, '생일파티'는 TV 속에서만 존재하는 이야기 같았습니다.

어느 날, 주원이가 저에게 이렇게 말했습니다.

"엄마, 나는 왜 친구가 없어? 애들은 왜 나를 안 좋아해? 말썽부리고 때려서 그래?"

그 말을 들으며 저는 아이 앞에서 아무 말도 할 수 없었습니다. 무엇을 어떻게 전해야 했을까요?

"너는 충분히 사랑받을 자격이 있어."라고 말해야 했을까요? 아니면 "네가 아무리 노력해도 세상의 시선은 쉽게 바뀌지 않을 수도 있어."라고 솔직히 알려줘야 했을까요? 어떤 말도 위로가 되지 않을 것만 같았습니다. 그래서 결국 저는 아무 말도 하지 못한 채, 그저 아이를 조용히 안아주는 것밖에 할 수 없었습니다.

특수학교로 전학 간 첫날, 주원이는 긴장으로 잔뜩 굳어 있었습니다.

그러나 며칠이 지나고 나서부터 조금씩 변화를 보였습니다. 학교의 모든 선생님이 특수교사이다 보니 주원이는 수업 시간에 눈치를 보지 않고 자연스럽게 참여했습니다. 체육 시간에는 친구들과 어울려 뛰며 환한 웃음을 지었습니다. 학교에선 말수가 적었던 아이가 "오늘 친구랑 그림 그렸어.", "같이 밥 먹었어."라는 말을 하기도 했습니다.

그리고 생일이 다가왔습니다. 이번에도 저는 큰 기대를 하지 않았습니다. 활동지원사 선생님이 주원이를 위해 담임 선생님께 조심스럽게 요청을 드렸고, 학교에서는 흔쾌히 허락해 주셨습니다. 활동지원사 선생님이 케이크 하나를 준비해 보내 주셨습니다. 그날 오후, 선생님께서 보내주신 사진이 도착했습니다. 사진 속 주원이는 생일 케이크 앞에서 초를 바라보며 웃고 있었습니다. 작고 수줍은 표정이었지만, 분명히 말하고 있었습니다.

"지금, 나 행복해요."

생애 처음으로 친구들과 함께한 생일파티. 누구의 방해도 없이, 꾸밈없는 축하를 받은 주원이는 그날 이후 달라졌습니다. 집에 돌아온 아이는 저를 보고 웃으며 이렇게 말했습니다.

==엄마, 나 친구 생겼어. 생일파티도 했어. 엄마, 나 행복했어.==

그 순간, 제 마음속 깊은 곳에서 무언가가 무너졌습니다. 이토록 작은 일이었는데, 우리에겐 너무나도 크고 먼일이었습니다. 단 한 명이라도 너를 온전히 이해하는 친구가 생기길, 엄마는 마음 깊이 바랐봅니다. 그 한 사람이 아이의 세상이 되어 줄 거예요.

그동안 왜 이 간단한 기회를 주지 못했을까, 나는 왜 아이를 이해하려 하지 않았을까? 자책과 후회가 몰려왔지만, 동시에 감사도 함께 찾아왔습니다. 늦었지만, 이제라도 주원이가 '특별함'이 아니라 '자연스러움' 속에서 살아가고 있다는 사실이 얼마나 고마운지 모릅니다. 이제 저는 바라고 있습니다. 어느 반에나 주원이 같은 친구가 있어도 그 친구를 바라보는 시선이 '다름'이 아니라, '같이 살아가는 소중한 존재'라는 걸 알아주는 교실이 되기를. **우리 아이들에게 정말 필요한 건 '똑같이 되는 것'이 아니라 '아이가 자신답게 살 수 있는 공간'이라는 것을, 모든 이들이 기억해 주었으면 좋겠습니다.**

> "모든 아이는 꽃을 피울 수 있습니다. 다만, 피는 시기와 방법이 다를 뿐입니다."
> — 프리드리히 프뢰벨

[8화]

가장이라는 이름의 무게

딸이 되어 보니, 이제야 보이는 아버지의 마음

아빠와 처음으로 술잔을 기울이며 마음을 나눴습니다. 살아 보니 이제야 알겠습니다. 아빠가 어떤 삶을 살아오셨는지를요. 그날은 평소처럼 아이를 맡기러 부모님 댁에 들른 날이었습니다. 주말에도 일을 해야 하는 제 사정을 잘 아시는 부모님은 아무 말 없이 손주를 품에 안으시고, 저에게는 조용히 따뜻한 밥 한 끼를 내어 주셨습니다. 그리고 우린 오랜만에 셋이 마주 앉아 조용히 술잔을 기울였습니다. 예전 같았으면 어색하고 지루했을 자리가, 그날은 유난히 애틋하고 마음이 뭉클했습니다.

아버지의 얼굴이, 손이, 눈빛이 다르게 보였습니다. 거칠고 두툼했던 손은 어느새 힘이 빠져 있었고, 그 손으로 지금껏 두 딸을 키우고, 이제는 아픈 손주까지 돌보고 계시다는 생각에 마음이 아려 왔습니다.

"아빠… 이제야 알 것 같아요. 가장이라는 무게가 얼마나 무거운지요. 저도 혼자 아이를 키우며 매일이 버겁고 외롭습니다. 아픈 아이를 키운다는 건 감정 하나도 쉽게 내보일 수 없는 삶이에요. 상처받기 싫어 조용해지고, 말조차 아끼게 됩니다. 그런 날들이 계속되고 있어요. 아빠도 직장 다니실 때 수없이 힘드셨을 텐데, 가족을 위해 참으셨겠지요. 쉬고 싶어도 못 쉬고, 속상해도 말 못 하고… 오랜 시간 가장의 자리를 지켜오신 아빠가 정말 대단하셨다는 걸 이제서야 깨닫고 있어요."

그 말을 꺼내는 순간, 참았던 눈물이 터졌습니다. 아버지의 손을 꼭 잡고, 저는 말했습니다. "평범하게 살아가지 못하는 딸이라서 죄송해요. 아픈 아이 하나 키우며 아등바등 살아가는 제 모습을 지켜보며 얼마나 속으로 힘드셨을지. 주원이를 돌봐주시느라 주말도 없이 지내시는 것도 다 알고 있는데, 미안하단 말밖에 못 드려요."

아빠는 말없이 고개를 끄덕이셨습니다. 눈가에 맺힌 눈물이 모든 걸 대신 말해 주셨습니다. 그 눈물은 '말하지 않아도 알지.'라는, 평생을 가족을 위해 참아온 한 남자의 이야기처럼 느껴졌습니다. 그 눈물 속엔 못다 한 사랑, 안타까움, 그리고 묵묵히 걸어온 세월이 담겨 있었습니다. 엄마와 아빠는 평범하지 못한 제 삶을 조용히 안타까워하시면서도, 제 아이까지 품에 안아 주시며 자신의 노년을 조용히 내어주고 계십니다. 아마도 아무도 없는 밤, 가만히 두 분만 계신 자리에서 속으로 수없이 한숨 쉬셨을지도 모르겠습니다.

"우리 딸이 왜 이렇게 힘든 길을 걷고 있나…."
"남들 다 건강하게 태어나는데 우리 주원이는 어떻게 이 세상 살아가나."

그렇게 가슴으로 눈물 흘리셨을 부모님을 이제야 헤아리게 됩니다. 저는 이제라도 부탁드리고 싶습니다. 아빠, 엄마. 주원이가 더 좋아지고, 더 잘 자랄 수 있도록 조금만 더 곁에 있어 주세요. 이 아이가 세상에서 끝까지 사랑받을 수 있도록, 당신들의 사랑으로, 이 아이의 삶에 햇살을 더해주세요. 그리고, 혼자인 제가 아직도 가보지 못한 그 길을 먼저 걸어본 어른으로서 가르쳐 주세요. 철없던 제가 효도할 수 있도록 조금만 더 기다려 주세요. **사랑하고, 고맙습니다. 아빠… 엄마…** 두 분이 제 삶에 남겨 주신 그 사랑을, 이제는 제가 주원이에게 물려주며 살아가겠습니다.

> "사랑은 종종 말보다 침묵 속에서 더 깊이 전해진다."
> – 한나 아렌트

[9화]

아이의 세상 안으로 한 걸음 더

사다리차, 비행기 소리, 그리고 단 한 사람

"엄마, 사다리차 보러 가요."

이 말은 어느 날부터 우리 집의 일상이 되었습니다. 집 앞에 이사 오는 이웃이 있을 때마다 찾아오는 이삿짐 사다리차를 보며, 주원이는 눈을 떼지 못했습니다. 처음엔 단지 신기해서 그런 줄 알았습니다. 사다리차가 올라가고 내려올 때 나는 기계적인 윙윙거리는 소리가 좋았는지, 사다리차 소리만 들리면 주원이는 저를 데리고 나가자고 손을 잡아끌곤 했습니다. 우리 집 주변을 돌며 사다리차가 있을 만한 곳을 찾아다니던 그 시간들이 지금도 선명합니다. 어떤 날은 사다리차를 진짜 찾았던 날도 있고, 어떤 날은 사다리차를 찾지 못해 헛걸음을 한 적도 있습니다.

소리에 예민한 아이였기에 처음엔 걱정도 많았습니다. 우리가 인식

하지 못하는 소리 자극에도 반응하던 주원이가 왜 유독 사다리차 소리에 끌릴까 의아했지요. 하지만 시간이 지날수록 깨닫게 되었습니다. 이건 단순한 흥미나 집착이 아니었습니다. 주원이에게 사다리차의 그 특정한 소리는 안정감을 주고, 기분을 달래주는 애착의 대상이었던 것입니다. 자폐 스펙트럼이 있는 아이들은 한 가지에 꽂히는 특징이 있습니다. 한번은 학교 수업 도중 밖에서 사다리차 소리가 들리자, 주원이가 그 소리를 따라 학교를 벗어난 적도 있었습니다. 당시 일반 학교 선생님께서 놀라 찾으러 다니신 일도 있었지요. 일반 아이들은 무심히 지나칠 이사 차량을, 주원이는 유튜브에서 검색해 영상으로 다시 찾아볼 정도로 좋아했습니다. 이 모습을 처음엔 이해하지 못하고 '집착'이라고만 생각했지만, 이제는 압니다. 주원이에게는 '의미 있는 반복'이었고, 그걸 통해 자폐가 있는 아이들은 특정 소리를 통해 감정을 안정시키는 자기만의 방식이었다는 것을요.

그것이 주원이에겐 사다리차나 비행기 소리였나 봅니다. 저는 이제 압니다. 그건 단순히 '좋아하는 것'이 아니라 세상과 연결되는 아이만의 통로라는 것을요. 그래서 어느 순간부터는 저도 그 사다리차를 함께 찾아다녔습니다. 지치지 않고 소리를 쫓는 아이를 따라 발걸음을 옮기고, 그 앞에서 오래도록 바라보는 아이의 뒷모습을 조용히 기다려 주었습니다. 그렇게 저는 아이의 세상에 함께 들어가게 되었습니다.

우리가 살고 있는 김포는 비행기가 수시로 하늘을 가릅니다. 이사 차를 넘어선 또 다른 소리 자극이 아이의 마음을 흔들어 놓는 순간들이지요. 비행기가 멀리서부터 가까이 날아오고, 윙윙거리는 소리가 커질수록 아이는 창밖으로 시선을 고정한 채 숨소리마저 멈춥니다. 단순히 보는 것이 아니라, 주원이는 그 장면을 온몸으로 받아들입니다. 비행기 모형을 손에 들고, 하늘을 가르는 진짜 비행기를 따라 착륙과 이륙을 흉내 내며 똑같이 움직입니다. 그 모습을 보면, 단지 소리가 좋아서가 아니라, 아이만의 방식으로 그 순간을 '경험'하고 있음을 느낍니다.

그 감각의 세계는 어쩌면 우리보다 훨씬 깊고 풍부할지도 모르겠습니다. 하지만 이 소리보다도, 아이가 가장 좋아하는 비행기와 관련된 기억은 따로 있습니다. 바로 우리 세 가족이 함께 제주도로 여행을 갔던 날입니다. 그때 비행기를 타던 시간이 주원이에겐 말로 표현할 수 없는 행복으로 남아 있는 듯합니다.

"아빠랑, 엄마랑, 주원이랑… 비행기 타고 제주도 여행 가고 싶어. 그때, 좋았어."

아이의 말은 언제나 짧지만, 그 안에 담긴 감정은 아주 깊습니다. 아이는 지금도 그때를 또렷이 기억합니다. 비행기의 소리보다도, 비행기를 타고 함께한 가족의 시간이, 아마 아이의 마음속에 더 따뜻한 자극으로 남아 있는 거겠지요.

그리고 주원이의 세계에 또 한 사람, 아주 특별한 존재가 있습니다.

바로 이정희 선생님입니다. 1학년 때부터 지금까지, 5학년이 된 지금도, 주원이는 이정희 활동지원사 선생님과 함께해 왔습니다. 그 시간 동안 주원이는 시시콜콜 자기 얘기를 털어놓고, 투덜거리기도 하며 마음을 열기 시작했습니다. 가끔은 엄마인 저보다도 더 애착을 보이는 아이의 모습에 서운한 마음이 들 때도 있었습니다. 하지만 한편으론 그런 생각이 들었습니다. '아이에게 이렇게 속마음을 나눌 수 있는 사람이 있다는 건, 얼마나 다행인가.' 선생님은 아이의 이야기에 조용히 귀 기울여 주시고, 저보다 더 섬세하게 주원이의 감정과 변화들을 알아차려 주십니다. 아이의 눈빛 하나, 말투 하나로도 오늘 하루 어떤 일이 있었는지 읽어 내는 분입니다.

선생님이 몸도 마음도 지쳐 "이젠 그만두고 싶다."고 몇 번 말씀하신 적도 있었습니다. 그때마다 주원이는 눈물을 글썽이며 말했습니다.

"이정희 선생님 없으면 안 돼요. 주원이가 잘할게요."

그리고 어느 날, 제가 조심스럽게 물었습니다.

"주원아, 선생님이 왜 좋아?"

그러자 아이는 말했습니다.

"내 얘기를 잘 들어주고, 나를 많이 사랑해 주니까요."

그 말 한마디에, 저는 더는 아무 말도 할 수 없었습니다. 아이에게는 엄마에게도 하지 못하는 마음을 꺼내 보여 줄 수 있는 유일한 사람이었으니까요. 그런 존재를 쉽게 바꿀 수는 없었습니다.

아이에게 누군가를 신뢰하고, 감정을 나누는 일이 얼마나 어려운지 알기에, 저는 그 관계를 누구보다도 지켜주고 싶었습니다. 누군가는 그걸 '특이하다'고 말할지도 모릅니다. 사다리차에 집착하고, 비행기 소리에 몰입하고, 한 사람에게 깊은 마음을 주며 살아가는 우리 아이를, 이해하지 못하고 고개를 갸웃할지도 모르지요. 하지만 저는 압니다. **그 사다리차가, 비행기 소리가, 그리고 이정희 선생님이라는 한 사람이 주원이의 하루를 견디게 해주고, 삶을 살아가게 만들어 주는 버팀목이라는 것을요.**

주원이가 좋아하는 게 있다는 것 자체가 감사합니다. 아이들이 좋아하는 선생님에게 아이를 계속 맡기는 부모처럼, 저도 주원이가 좋아하는 것을 밀어주고 싶었습니다. 사다리차와 비행기 소리에 대한 애착을 '집착'이라며 막기보다, 그 기쁨을 안전하게 이어 갈 길을 찾아 주려 합니다. 그건 결국, 나의 세상이 아닌 아이의 세상 안으로 걸어 들어가는 첫걸음이었음을 이제야 압니다. 그래서 저는, 오늘도 아이의 기쁨을 따라 걷고, 아이의 울음에 귀 기울이고, 아이의 세상을 지키기 위해 살아갑니다. **주원이가 행복하면, 그걸로 충분합니다. 그걸로, 저는 오늘도 아주 행복합니다.**

> "아이에게 진정 필요한 건, 이해받는 경험이다."
> — 김소연(발달장애 부모 작가)

[10화]

내 인생의 8할은 너야

아이의 인생을 품고, 나의 삶을 되찾으며

사람들은 흔히 말합니다. 인생의 반환점은 마흔쯤이라고. 하지만 제게 진짜 반환점은 그보다 조금 더 이른 시기에 찾아왔습니다. 바로 주원이를 만나고 나서부터였습니다.

작고 따뜻한 아이를 처음 품에 안았던 날, 저는 알았습니다. 제가 걸어가던 길의 방향이 조용히, 그러나 완전히 바뀌었다는 걸요. 그전까지의 저는 누구였을까요? 꿈꾸고 일하고 친구를 만나고 사소한 일에도 마음 졸이며 하루를 살아가던 평범한 사람. 아마도 제 인생의 1할, 혹은 2할쯤 되는 시간이었겠지요. 그 시간들도 분명 소중했지만, 아이를 만난 후부터는 모든 게 다시 쓰여야 했습니다.

말이 느리고, 감정 표현이 서툰 아이와 보낸 하루하루는 익숙한 길을 낯선 걸음으로 다시 걷는 일이었습니다. 한 걸음 내딛는 것조차 버거운 날도 있었고, 끝이 보이지 않는 터널 속에서 벗어나고 싶은 마음에 숨이 턱 막히던 날도 많았습니다. 그러나 지금, 열두 살이 된 아이는 어느새 제게 이렇게 말합니다.

"엄마, 사랑해요. 안아주세요."

또 제가 집안일을 할 때면 조용히 휴대전화을 보며 기다려 주기도 합니다. 그 작은 행동 하나가 어떤 날은 눈물을, 어떤 날은 미소를 부릅니다. 눈물로 버텼던 이 하루하루가, 아이의 한마디에 빛나는 하루가 되었습니다.

여전히 많은 보살핌이 필요한 아이, 저는 어느덧 쉰을 향해 걷고 있는 엄마입니다. 아이가 청소년기를 지나 어른이 되어갈 시간 동안, 저는 천천히 늙어가겠지요. 그래서, 밤이 깊어지면 문득 두렵습니다. 제가 이 세상에 없어진 뒤, 아이는 어떻게 살아갈 수 있을까? 쉽게 꺼낼 수 없어 늘 마음속 깊은 곳에 묻어두고 살아갑니다. 그러나 그 질문은 언제나 제 잠자리 곁을 떠나지 않습니다.

하지만 요즘, 문득문득 깨닫습니다. 아이의 인생 10할 중 8할을 품어낸 엄마로 산다는 것. 그것이 결국 아이에게도 그리고 저 자신에게도 가장 좋은 삶의 방식이라는 걸요. **저는 아이로 인해 무너졌지만, 아이로 인해 다시 일어섰습니다.**

아이가 아니었다면 글을 쓰지도 않았을 것입니다. 평생 글과는 거리가 멀었던 삶을 살았던 저입니다. 아이로 인해 흔들렸지만, 그 때문에 더 단단해졌습니다. 이제 어떤 폭풍이 와도 예전처럼 쉽게 무너지지 않습니다. 아이 때문에 힘들었던 당시에는 이보다 더 힘든 건 없다고 생각했습니다. 하지만 지나고 나니 모두 제가 견딜 수 있는 만큼이었습니다.

==아이는 분명 제 인생의 8할이지만 남은 시간 속에서 저는 엄마로서가 아닌 '저'로서도 온전히 살아갈 수 있을 거라 믿습니다.== 그 남은 2할은 이제 저 자신을 위해 살아도 된다는 걸요. 운동도 하고 사람들 앞에서 말도 잘하고 싶은 마음에 스피치 수업도 받고 혼자 다녀보지 못했던 여행도 해 보면서 소소하지만 하나하나 저를 위해 살아보고 싶습니다. 이제는 아이도 언젠가 저 없이도 온전히 행복하게 살아갈 자신의 인생길을 찾겠지요. 아이가 하고 싶은 일을 하며. 그 길이 고단하더라도, 엄마인 저는 멀리서 묵묵히 응원할 겁니다. 지금도, 그리고 앞으로도. 오늘도 아이와 함께, 그리고 제 자신과도 함께, 조금은 다르게, 그러나 더 깊이 살아가는 이 삶을 저는 사랑합니다.

> "사랑은 자기를 잃는 일이 아니라, 사랑 안에서 다시 자신을 찾는 일이다."
> – 시몬 드 보부아르

[부록 5]

끝자락 마음의 질문들

끝내 꽃을 피우기 위해, 다시 일어서는 다섯 물음

분노로 올리던 기도는 어느 날 감사로 바뀌었습니다. 집을 옮기고 길을 틀며, 우리는 서로의 세계 안쪽으로 더 깊어졌습니다. 우릴 키운 부모의 세월과 내일을 떠받친 보이지 않는 손들, 작은 기적이 돌려놓은 방향을 조용히 떠올립니다.

→ 고난이 감사로 바뀐 순간은 언제였나요?
→ 집을 떠올리면 가장 먼저 떠오르는 감정이나 기억은 무엇인가요?
→ 아이와 세상을 살아가며 배운 점은 무엇인가요? 그 배움이 지금의 삶을 어떻게 바꾸었나요?
→ 인생의 가장 큰 전환점은 언제였나요? 그 전환이 관계와 선택에 흔적을 남겼나요?
→ 부모님의 삶을 이해한 순간은 언제였나요? 그 이해가 나에게 어떤 힘이 되나요?

[에필로그]

너와 나의 내일을 믿으며
오늘의 눈물이 희망이 되기를 믿는다

❖

이 글을 써 내려가는 내내 사실 두려움이 있었습니다. 제가 겪은 이 야기가 과연 누군가에게 위로가 될 수 있을까, 그저 힘든 날들의 고백 으로만 비칠까 걱정도 되었습니다. 그러나 이 글은 단순한 기록이 아닙 니다. 어설픈 엄마였던 제가, 부족한 사람으로 살아가던 제가, '주원이' 라는 아이를 통해 조금씩 진짜 어른이 되어간 여정의 흔적이었습니다.

주원이를 만나기 전, 저는 하찮고 어리숙한 어른이었습니다. 무언가 를 끝까지 책임져본 적도, 누군가의 울음을 묵묵히 받아낼 용기도 없었 습니다. 그런 저에게 아이는 말없이 삶의 진짜 숙제를 내밀었고, 저는 그것을 외면하지 않기로 했습니다. 지금도 저는 여전히 완벽하지 않은 부모입니다. 하지만 분명한 것은, 이 길을 주원이와 함께 걸으며 저는 이전보다 단단해졌고, 따뜻해졌으며, 무엇보다 '저'라는 사람의 의미를 새롭게 발견했다는 사실입니다.

아이의 성장과 함께 저도 성장했고, 아이의 눈물과 웃음 속에서 삶의 참된 의미를 배웠습니다. 그렇게 주원이는 제 인생의 스승이자, 삶 그 자체가 되었습니다. 이 책을 통해 전하고 싶었던 건 단지 장애가 있는 아이와 가족의 이야기가 아닙니다. 누군가를 있는 그대로 받아들이며 끝까지 함께 살아내는 삶의 가치였습니다.

저는 주원이를 통해 사랑이 무엇인지, 기다림이 무엇인지, 그리고 '서로를 믿고 걸어가는 용기'가 얼마나 큰 힘이 되는지 배웠습니다. 혹시 이 글을 읽고 있는 당신이 누군가의 부모이거나, 혹은 어떤 이유로든 삶에 지쳐 있다면 이 말을 꼭 기억해 주셨으면 합니다.

당신은 혼자가 아닙니다. 그 길 위에서도 여전히 누군가의 전부일 수 있으며, 당신이 흘린 눈물과 견뎌낸 마음은 결코 헛되지 않습니다. 저 또한 지금 이 순간에도 여전히 배우고, 넘어지고, 다시 일어서고 있습니다.

한 번씩, 제게 이렇게 묻는 사람들이 있었습니다.

"만약 삶을 다시 돌릴 수 있다면, 주원이를 만나기 전으로 돌아가고 싶나요?"

예전의 저는 너무 힘들어서 "그렇다."고 대답했을지도 모릅니다. 하지만 지금이라면 단호히 말할 수 있습니다.

"아니요, 돌아가고 싶지 않습니다."

에필로그

이 아이가 아니었다면, 저는 글을 쓰지도, 진정한 사랑이 무엇인지 모르는 어른으로 살았을지 모릅니다. 주원이는 제게 시련이 아니라, 삶을 일으켜 세운 기적이었습니다. 이제는 분명히 말할 수 있습니다.

"네가 필요해서 내가 있는 게 아니라, 엄마가 너를 만나 살 수 있었어."

아이를 통해 비로소 저는 제 삶을 사랑하게 되었고, 이 길 위에 선 저를 믿게 되었습니다.

제가 걸어온 길이 누군가에게 작은 등불이 되기를, 이 책을 덮는 당신의 마음에도 잔잔한 위로가 스며들기를 바랍니다. 주원이와 저는 오늘도 함께 살아갑니다. 그리고 내일도, 너와 나의 내일을 믿으며 다시 하루를 시작합니다.

언젠가 이 길 끝에서, 우리가 걸어온 모든 순간이 결코 헛되지 않았음을 알게 되겠지요. 서툴고 불완전했어도 서로의 손을 놓지 않았기에, 그 모든 시간이 결국은 빛이었다는 것을요. 삶은 여전히 무겁고, 때로는 눈물이 앞을 가리지만, 그럼에도 우리는 걸어갑니다. 넘어져도 다시 일어나고, 지쳐도 또 한 걸음을 내딛습니다. 그것이 사랑이고 그것이 용기이기 때문입니다.

그러니 이 책을 덮는 당신도 부디 기억해 주셨으면 합니다. 당신이 흘린 눈물 또한 누군가에게는 빛이 되고, 당신의 하루 또한 충분히 의미 있는 선물이 된다는 것을요. 오늘의 우리는 여전히 배우는 중이고, 여전히 성장하는 중입니다. 하지만 이제는 두렵지 않습니다. 불완전한 오늘을 딛고, 여전히 서로를 믿으며 내일로 향하는 이 길 위에서, 저와 주원이는 앞으로도 함께 걸어갈 것입니다. 그리고 그 길이 누군가의 마음에 작은 위로로 남기를, 그 위로가 또 다른 내일의 희망이 되기를 믿습니다.

[부록]

고마운 분들께 보내는 편지

나를 지켜주고, 함께 걸어준 이들에게 전하는 진심

❖

함께해준 모든 분들 덕분에, 여기까지 올 수 있었습니다

지면의 한계로 모든 이름을 다 싣지 못했습니다. 누락과 불찰은 전적으로 제 탓이며, 보내 주신 응원은 한 분도 잊지 않겠습니다. 아래에 오른 이름은 '대표'로 올렸고, 순서에는 어떤 의미도 없습니다.

안녕하세요. 지금 이 글을 읽고 계신 함께해 준 모든 분들, 그리고 이 책이 세상에 나올 수 있도록 응원과 격려를 아끼지 않으신 모든 분들께 진심을 담아 인사를 드립니다.

이 책을 쓰는 동안 자주 생각했습니다. '과연 이 글이 누군가에게 도움이 될 수 있을까?', '같은 아픔을 겪고 있는 분들에게 작은 위로가 될 수 있을까?' 망설임도 있었고, 두려움도 많았습니다. '내가 무슨 작가야.' 하며 스스로를 깎아내리기도 했습니다.

  하지만 이 글이 단 한 사람에게라도 따뜻한 위로가 된다면, 그것만으로도 이 책의 의미는 충분하다고 믿었습니다. 사실, 저는 혼자 힘으로 여기까지 오지 못했습니다. 포기하고 싶은 날들이 수없이 많았고, 삶을 내려놓고 싶었던 날도 있었습니다. 그럴 때마다 함께해준 모든 분들이 제 곁을 묵묵히 지켜 주셨습니다. 그 손길이 있었기에 저는 끝까지 버틸 수 있었습니다.

  부모님, 하나뿐인 동생, 정미란, 장윤성, 김정분, 김동학, 그리고 원선영. 다 나열할 수는 없지만, 제 마음을 함께 나누고 삶을 함께 건너온 소중한 친구들 그리고 나의 사람들. 무조건 가족처럼 내 일이라면 먼저 맘 써주는 정혜민, 20대부터 지금까지 함께해 준 둘도 없는 김윤주.

  크미의 귀요미 새우깡 정유진, 언제나 제 글을 읽어 주며 제 방에서 늘 작가님이라며 응원해 주는 첫 번째 독자 반효정, 숨고를 알려 주며 글쓰기 선생님을 찾게 해준 임호경 의사선생님, 작가 동기 슬초 3기와 무지개 친구들께도 고맙습니다.

  KMI에서 함께한 모든 직장 동료들, 책 출간을 위해 가르쳐 주고 도와주신 김연준 교수님, 북 친구들, '보일러님의 필사일상과 헤스티아의 문장들', '이키다의 주간심송'의 따뜻한 멤버들, 독서를 처음 추천해 준 김신희, 무엇이든 해보라며 늘 북돋아 준 이정희 선생님께 깊이 감사드립니다. 지친 저를 위해 혼자 힐링할 시간을 선물하시며 박효신 뮤지컬을 두 번이나 보여 주신 고마운 서문석 의사선생님 그리고 KMI에서 지금까지도 제 안부를 살피며 걱정해 주시고 마음 써 주신 저의 최고 김아련 의사선생님, 그리고 이름은 몰라도 마음으로 응원하고 기도해주신 교회의 모든 분들께도 감사의 마음을 전합니다.

이 책을 나올 수 있도록 탈고 과정 내내 저에게 마음 써 주신 미다스북스 편집자님들. 특히 안채원 편집자님, 부족한 원고를 성실히 읽어주시고 피드백해 주시며 세심히 챙겨 주셔서 진심으로 감사합니다.

함께해준 모든 분들 덕분에 저는 가장 어두운 시절을 지나 이렇게 글을 남길 수 있었습니다. 한 줄의 위로가 되어 주셨고, 한 걸음 더 나아갈 힘이 되어주었습니다.

무엇보다, 저를 이 세상에 보내주시고 묵묵히 지지해 주신 부모님께. "큰딸이라 안쓰럽다."고 말하시면서도 늘 든든하게 제 삶의 뒤편에 계셨던 그 사랑과 헌신은 말로 다 표현할 수 없습니다. 다음 생이 있다면 제가 부모님의 부모가 되어 그 사랑을 다 되돌려드리고 싶습니다.

이 책은 결코 제 혼자의 힘으로 만든 책이 아닙니다. 사랑과 기도, 믿음과 응원이 있었기에 한 권의 책이 될 수 있었습니다. 이름이 실리지 않았더라도, 여러분 한 분 한 분이 제 삶의 빛이었습니다. 이 책은 제 이름으로 나오지만, 여러분의 사랑과 기도가 만든 보이지 않는 '공저'입니다.

제가 받은 이 사랑을 언젠가, 다른 누군가의 삶 속에 따뜻한 헌신과 위로를 전할 수 있기를 바랍니다. 함께해 준 모든 분들의 따뜻함이 저를 햇살 속으로 이끌어 주셨듯, 저도 누군가의 하루에 조용히 스며드는 햇살이 되고 싶습니다. 이 책은 저의 작은 꽃이자, 함께해 주신 모든 분들께 드리는 진심 어린 감사의 꽃입니다. 부족한 글을 끝까지 읽어 주셔서, 진심으로 감사합니다.

- 조서연 드림

[부록]

함께 걸어준 사람들의 편지
활동보조사 이정희 선생님의 이야기

❖

우주원이와 나, 서로를 구한 시간

　제 인생에서 처음으로 2년이라는 긴 시간을 일 없이 보냈습니다. 처음엔 좋았습니다. 하지만 시간이 지날수록 '이렇게 살아도 되는 걸까?' 하는 불안감이 서서히 스며들었습니다. 그래서 의미 있는 일을 해보고 싶다는 마음에, 장애인 복지관으로 봉사를 다니기 시작했습니다. 저와의 다름을 이해하려 애쓰며, 김포 장애인 옹호활동가 훈련도 받고, 장애 학생들과 함께 수업을 하며 때 묻지 않은 순수함을 느꼈습니다. 그때 문득 생각했습니다.

　'언젠가 기회가 된다면, 장애인 활동지원사를 해보고 싶다.' 그래서 관련 과정을 수료해 두었습니다. 그러던 어느 날, 세월이 너무 빠르게 흘러가는 것이 두려워졌습니다. '이렇게 놀다 보면 진짜 할머니가 되겠구나.' 그 생각에 하루라도 빨리 일을 시작해야겠다는 마음으로 이곳저

곳에 이력서를 냈습니다.

얼마 후, 드디어 연락이 왔습니다.
"초등학교 1학년 남자아이, 오전 10시부터 함께 수업합니다."
너무 기뻤습니다. '제가 다시 초등학생이 되어 수업을 듣는 건가요?' 그 말에 가슴이 설렜습니다. 이후 센터 직원과 함께 보호자를 만나러 집으로 향했습니다. 문을 여는 순간, 우울한 표정의 엄마와 정리되지 않은 집안 풍경이 눈에 들어왔습니다. 인생을 살아오며 쉽게 보기 힘든 분위기의 공간이었습니다. 그리고 다음 날, 그 아이를 만났습니다. '우주원'이라는 이름의 아이였습니다. 저는 마치 다른 세상에서 사는 가정을 마주한 듯했습니다.

젊은 엄마의 지친 표정, 1분도 가만히 있지 못하고 사람을 할퀴며 뛰고, 소리를 지르고, 바닥을 구르던 아이. 그제야 깨달았습니다. 이게 장애를 가진 가정의 현실이구나.
그날, 저는 다짐했습니다.
'어떤 일이 있어도, 이 모자를 도와 평범한 일상을 살게 해야겠다.'
매일 간절히 기도했습니다. "저에게 이 가정을 도울 수 있는 힘을 주세요." 하지만 제 의지와는 상관없이, 상상도 못 한 나날이 이어졌습니다. 이러다 제가 무너질 것 같다는 두려움에, 열정만으로 시작한 이 일을 계속할 수 있을지 고민했습니다. 아이가 손톱으로 할퀴어 생긴 상처는 아물 날이 없었고, 한순간도 가만히 있지 못하는 아이를 돌보며 저는 점점 지쳐갔습니다.

'누가 이 모자를 도와줄 수 있을까? 이건 인간의 힘만으로는 감당할 수 없는 일이다. 이건 신만이 할 수 있는 일이다.'

결국 저는 제가 다시 평범한 일상으로 돌아가기 위해, 일을 내려놓아야겠다고 결심했습니다.

보호자에게 말씀드렸습니다.

"대타 선생님이 오실 때까지만 함께하겠습니다."

하지만 센터에서는 말했습니다.

"선생님이 그만두시면, 이 집은 다시 갈 사람이 없을 것 같아요. 며칠 만에 벌써 세 번째 선생님이세요."

그때 엄마는 잠시 침묵하더니 조용히 말했습니다.

"힘들면 그만두셔도 돼요. 저도 너무 힘이 듭니다. 가끔은 정말 다 내려놓고 싶을 때가 있어요. 그럴 땐 아이한데 '우리 그냥 함께 끝내자, 14층에서 엄마랑 같이 뛰어내리자.'는 말을 꺼내기도 해요. 그만큼 절망스러울 때가 많았어요."

그 말을 들은 아이는 원망이 가득한 눈으로 엄마를 바라보았습니다. 그 순간 저는 알았습니다. 이건 누군가의 잘못이 아니라, 너무나 벼랑 끝에서 버티는 한 엄마의 외침이라는 걸요. 그날 이후, 저는 제가 믿는 신께 간절히 기도했습니다.

"이 모자를 도울 수 있는 힘과 지혜를 주세요."

그렇게 정신과 전문의의 상담을 받으며, 2년 넘게 약을 먹고 버텼습니다. 온화하던 제 인상과 예전의 저는 점점 사라졌습니다.

하지만, 저는 우주원이라는 아이를 만나면서 '사랑해.'라는 말을 가장 많이 들었고, 지금도 그 말을 들으며 살아갑니다. 때때로 너무 힘들어 영혼이 몸을 떠나는 듯한 느낌이 들기도 합니다. 그럼에도 이 아이의 손을 놓지 못하는 이유는, 세상에서 가장 저를 사랑하는 아이가 했던 한마디 약속 때문입니다.

"나중에 돈 벌어서, 선생님이 원하는 차를 사드릴게요."

그 말은 단순한 약속이 아니었습니다. 세상에서 가장 순수한 사랑의 표현이었습니다. 그 한마디에 담긴 마음이 오늘도 저를 붙잡고, 이 길을 계속 걸어가게 합니다.

> "누군가의 손을 잡는다는 건, 그 사람의 삶을 함께 버텨주겠다는 약속이다."
>
> — 아델린

[부록]

함께 걸어준 사람들의 편지

친구, 지인, 교회 그리고 곁을 지켜준 모든 이들의 이야기

❧ ✻ ☙

정미란

나의 오랜 친구, 서연이에게.

우리가 함께 보낸 시간이 얼마나 되는지 가만히 돌아보았어. 교복 입은 10대를 지나 한 아이의 부모가 될 때까지, 우리는 웃고 울며, 때로는 다투기도 하면서 긴 시간을 의지하며 지내왔네. 처음 만났을 땐 친구의 친구였을 뿐인데, 이렇게까지 깊은 인연이 될 줄은 몰랐어. 아마 생각과 마음이 닮아 있었기 때문이겠지.

성인이 되어 각자의 결혼과 육아로 자주 만나지 못했지만, 마음은 늘 가까이에 있었어. 네가 힘들 때 곁에 있지 못한 게 늘 미안했어. 글을 쓰기 시작한다고 했을 때, 내가 알지 못했던 네 모습을 보고 놀라기도 했지만, 글쓰기에 진심을 담는 네가 참 좋아 보였어. 무엇보다 행복해 보였어.

냉혹한 현실 속에서도 긍정으로 극복해내는 널 보며 나도 많이 배웠다. 늘 열심히, 꾸준히 잘하는 너지만, 힘들고 지칠 때는 네 이야기를 들어줄 내가 있고, 너를 사랑하는 이들이 있다는 걸 잊지 않았으면 해. 주원이를 돌보느라 바쁘겠지만, 네 자신도 꼭 챙기기를 바란다. 건강하게 오래도록 내 친구 해주기로 한 약속, 꼭 기억해!

두서없이 쓴 글이지만, 널 향한 진심으로 받아줘. 남은 인생도 지금처럼 서로 의지하며 믿어주는 친구로 함께하자. 오글거림을 무릅쓰고 말한다. 사랑한다, 내 친구. 평생 친구로 남고 싶은 미란이가.

P.S. 네 책에 담긴 경험과 진심이 많은 독자들에게 전해지기를 바란다.

장윤성

사랑하는 너에게.

너는 오늘도 주원이의 작은 숨결 하나까지 놓치지 않으려 애쓰고 있겠지. 나는 아직도 기억해. 전화기 너머로 들리던 너의 서글픈 울음소리. 이유도 모른 채 "무슨 일이야, 왜 그래?"라는 말만 반복하던 나에게, 네가 어렵게 꺼낸 말은 뱃속의 아이가 아프다는 것이었어. 병원에서도 낳을지, 포기할지를 선택하라고 했다고…. 솔직히 말하면, 그 순간 나는 네가 평범하게 살기를 바라며 낳지 않기를 바라는 마음도 스쳤어. 하지만 이미 태동을 느낀 너는 단호하게 포기할 수 없다고 말했고, 나는 조용히 응원할 수밖에 없었지.

태어난 주원이는 모습이 조금 다를 뿐, 사랑스러운 작은 천사였어. 주원이의 감정이 폭발할 때마다, 아무도 모르는 틈에서 네가 조용히 울었을 거라는 걸 나는 알아. 사소한 변화에도 가슴을 졸이며 '괜찮아, 잘하고 있어.'라고 스스로를 다독이며 하루를 버텨왔다는 것도.

주원이의 길이 조금 더디고 울퉁불퉁하더라도 끝까지 곁을 지켜주는 건 바로 너야. 세상이 이해하지 못하는 시선 앞에서도 흔들리지 않고 주원이의 세계로 묵묵히 다가가는 너. 그것은 사랑이 없으면 불가능한 일이야. 혹시 네 마음속에 '나는 잘하고 있는 걸까?'라는 물음이 있다면, 나는 주저 없이 말할 수 있어. "너는 그 누구보다 잘하고 있어."

힘들면 기대도 돼. 너도 누군가의 품이 필요할 수 있으니까. 아무 말 없이 곁을 지켜줄 친구, 너의 하루를 안아줄 우리가 있잖아.

사랑한다, 내 친구. 언제나 응원해. 지금 있는 그대로, 주원이가 그리고 네가 충분히 아름답다는 것을 꼭 기억하길.

김정분

네가 얼마나 오랜 시간을 마음으로 눌러가며 살아왔는지 곁에서 보아온 나로서는, 이 책이 세상에 나온다는 사실만으로도 눈물이 난다. 일과 육아를 병행하며 아이를 정성껏 키워온 네 모습이 때로는 안쓰럽기도 했고, 또 때로는 대견하기도 했어. 그 하루하루가 결국 누군가에게 위로와 희망이 되는 글로 남겨진다는 것이 너무 자랑스럽다.

네 글에는 진심과 사랑, 그리고 수많은 고민과 용기가 담겨 있을 거야. 이 책을 읽는 이들이 '나도 괜찮아질 수 있겠구나.' 하고 위로 받기를 바란다. 무엇보다 작가가 된 너를 진심으로 축하해. 네 여정의 한 페이지에 함께할 수 있어 고맙다. 앞으로도 글과 삶으로 많은 사람의 마음을 밝혀 주길 응원해.

항상 네 편에서 고맙고, 또 사랑한다.

정혜민

임신과 출산이라는 제2의 인생 시작을 언니와 함께했다는 것이 내게 큰 위로였어. 피는 섞이지 않았지만, 같은 시기 태어난 아들들 덕분에 우리는 친 자매 이상으로 끈끈하게 의지하며 육아를 버텨낼 수 있었지.

주원이의 출생부터 12살이 된 지금까지, 출산과 성장의 과정을 옆에서 지켜본 나는 언니의 책 출간 소식에 더욱 감격스러워. 처음의 혼란부터 다름을 인정하기까지 얼마나 많은 눈물과 고된 시간이 있었는지 누구보다 잘 아니까. 언니의 이야기가 많은 사람들에게 전해져, 같은 상처를 가진 이들이 위로와 공감을 얻기를 바란다.

주원이로 인해 울고 웃었던 날들이 이렇게 한 권의 책으로 남겨진다는 건 소중한 선물이야. 버킷 리스트였던 '세상에 이름 석자 남기기'를 이룬 것도 진심으로 축하해. 언니의 선한 영향력이 많은 이들에게 퍼져 가기를 기도할게. 멋지다, 조서연. 앞으로도 행복하자. 사랑한다, 언니야.

김윤주

20년을 함께한 동생으로서, 나는 누구보다 조서연 작가님의 길을 가까이에서 지켜보아 왔습니다.

의료인으로서 매일 환자를 돌보는 한편, 특별한 배려가 필요한 아들을 홀로 키워내며, 고단한 하루 속에서도 글쓰기를 멈추지 않았던 언니의 모습은 내게 늘 큰 울림이었습니다. 하루의 마음을 기록하듯 써 내려간 글들이 결국 '작가'라는 새로운 길로 이어진 것은 결코 우연이 아니라고 믿습니다.

언니의 글에는 삶을 버티는 용기, 사람을 향한 따뜻한 시선, 힘겨운 날마저 사랑으로 품어내는 강인함이 담겨 있습니다. 나는 언제나 그렇듯 앞으로도 언니의 모든 도전을 존경하고 응원할 것입니다. 언니가 보여줄 새로운 이야기들이 많은 이들에게 위로와 용기가 되기를 진심으로 바랍니다. 20년지기 동생이, 사랑과 존경을 담아.

정유진

특별한 인연, 서연 언니.

우리가 함께한 지 벌써 10년이 되었네요. 처음 언니를 만났을 때, 참 밝고 다정한 사람이라고 생각했어요. 단란한 가정에 예쁜 아이까지, 행복해 보여서 부럽기도 했습니다. 하지만 주원이에 대한 소식을 들었을 때 걱정이 앞섰고, 그 현실을 받아들이는 언니의 모습을 보며 깊은 존경심이 생겼습니다. 그런 힘든 상황 속에서도 언니는 새로운 도전을 멈추지 않았습니다. 브런치 작가로 선정되었을 때, 내 일처럼 기뻤습니다. 활발해진 언니의 모습이 보기 좋았고, 이제는 책을 출간하는 모습이 너무 자랑스럽습니다. 앞으로도 언니의 도전을 응원해. 우리를 빛나게 해줘서 고마워요.

김도래미

누군가의 삶은 책이 됩니다.

지난 몇 년 동안, 독서로 삶을 채워가는 언니를 보며 책을 읽고 쓰는 시간이 한 사람을 얼마나 단단하게 만드는지 느꼈습니다. 물론 사람이기에 때로는 넘어질 수도 있지만, 주어진 삶을 성실히 살아내려는 언니의 모습은 내 안에 있던 무기력을 걷어내고 다시 한번 살아가야겠다는 마음을 주었습니다.

각자에게 주어진 인생의 길을 걸어가는 이들에게, 언니가 지나온 시간이 '책'이라는 형태로 전해진다면 분명 따뜻한 위로와 격려가 될 것입니다. 나에게 그러했듯이 말이지요. 앞으로 펼쳐질 언니의 삶을 진심으로 응원합니다.

이아람

언니, 드디어 해냈네요.

말하지 않아도 알잖아요. 하루하루가 얼마나 버겁고 대단했는지. 그런데도 그 길을 삼키지 않고 언니의 이야기를 책으로 세상에 말할 수 있는 용기가 참 멋지고 감동적이에요. 언니가 걸어온 길 위에서 웃고 울던 모습들이 이제 누군가에겐 큰 위로가 될 거예요. 나에게 이미 그렇듯이. 자랑스러워요. 진심으로.

주인숙

직장에서 만난 조서연 선생님은 늘 완벽을 추구하며 누구보다 열심히 사는 분이셨습니다. 강한 모습만 보여주던 선생님이 어느 날 아들 때문에 눈물짓던 모습을 보며, 엄마로서 깊은 아픔을 알게 되었습니다. 강한 겉모습 뒤에서, 사랑으로 아들을 키워내는 위대한 힘을 보며 '평범한 엄마가 가장 강하다.'는 말을 다시금 깨달았습니다.

이제는 직장에서의 모습뿐 아니라, 많은 사람에게 희망을 주고 감동을 전하는 작가님으로 서 계신 선생님을 진심으로 응원합니다. 이 책을 읽는 이들 또한 희망을 보게 되리라 믿습니다.

반효정

서연 샘, 입사 후 알게 된 지 어느덧 5년이 흘렀네요. 가까이에서 샘의 세심함과 따뜻한 마음을 알게 된 것은 저에겐 큰 행운이었습니다. 늘 좋은 책을 권해주시고, 깊이 있는 말씀으로 제 마음을 열어 주실 때마다 큰 위로와 배움을 얻었습니다.

샘께서 글을 쓰신다는 소식을 처음 들었을 때, 그리고 그 글이 주원이와 함께 걸어온 시간과 마음을 담았다는 걸 알았을 때, 정말 대단하다고 느꼈습니다. 힘든 순간마다 먼저 다가와 주고 따뜻하게 안아 주신 덕분에 제가 얼마나 큰 힘을 얻었는지 모릅니다.

이제 책으로 전해질 샘의 이야기는 많은 사람에게 용기와 위로가 되어줄 것입니다. 늘 그래 오셨듯이, 앞으로도 잘 해내실 거라 믿습니다. 가장 가까이에서 변함없이 응원하겠습니다.

정재진

성장이라는 단어가 가장 잘 어울리는 서연 작가님. 엄마로서, 작가로서도 모든 게 처음이었지만, 그 처음에 머무르지 않고 나아가기 위해 끊임없이 노력하는 모습은 저에게 큰 자극이 되었고, 스스로를 돌아보게 만들었습니다. 아이를 키운다는 것, 특히 장애가 있는 아이를 돌보는 일이 얼마나 큰 무게일지 감히 다 알 수는 없지만, 주원이에게 아낌없는 사랑과 케어를 쏟는 모습에서 깊은 감동을 받았습니다. 그 시간들이 담긴 이 책이 많은 이들에게 따뜻한 울림과 위로가 되리라 믿습니다.

앞으로도 주원이와 함께 매일 조금씩 더 행복한 성장을 이어가시길 바랍니다. 조만간 또 좋은 작품으로 만나길 기대합니다. 또 보자, 가을. 그리고 사랑스러운 주원아.

주미선

서연 씨, 책 출간 정말 축하해요. 가장 힘들고 외로웠던 시절, 발달장애 아이를 홀로 키우며 눈물로 하루하루를 버텼던 시간들을 저는 잊을 수 없습니다. 하지만 그 힘든 길 위에서 성경공부를 통해 예수님을 만나고, 교회 공동체 안에서 위로와 소망을 얻는 모습을 지켜보면서, 진짜 대단하다고 마음속으로 계속 응원했어요.

이제 서연 씨의 삶에는 확실한 변화가 느껴집니다. 교회에서 사람들과 함께 예배 드리고, 아이가 사랑부에서 밝게 웃으며 예배를 드리는 모습을 보면, 보는 사람까지 마음이 따뜻해지고 미소가 지어집니다. 하루하루의 작은 순간이 쌓여 이렇게 큰 열매가 되었다는 게 참 감동적이에요.

이번 책은 단순히 글을 모아낸 게 아니라, 서연 씨가 걸어온 길, 흘린 눈물, 웃음, 그리고 그 모든 순간 속에서 경험한 사랑과 믿음이 담긴 귀한 기록입니다. 읽는 사람마다 '혼자가 아니구나.'라는 위로를 받고, 삶 속에서도 작은 희망을 발견하게 될 거예요.

서연 씨, 이 책 출간은 끝이 아니라 새로운 시작이에요. 앞으로도 지금처럼 밝게, 힘 있게 걸어가면서 주변 사람들에게 기쁨과 용기를 전하는 삶을 계속 써 내려가길 바랍니다. 다시 한 번 진심으로 축하드리고, 늘 사랑과 평안이 함께하길 기도할게요.

이혜진

3년여간 함께해온 시간들 속에서, 우리는 수많은 이야기와 눈물, 웃음, 그리고 소망을 나누었습니다. 그 순간들이 헛되지 않고, 현실 속에서 기적처럼 피어날 때마다 나는 더욱 당신을 응원하게 됩니다. 이제 당신은 풍성한 사랑의 빛으로, 이름 모를 많은 이들을 따뜻하게 비춰주기를 바랍니다. 그 길에 동반자로 함께 발맞춰 걷고 싶습니다. 이런 마음으로 쓴 당신의 삶을, 나는 사랑하지 않을 수 없습니다.